JN409182

이근모의 시와 이야기

여울물이 흐르며 뒤돌아보았다고?

이근모 저

머리말

시와 이야기를 펴내면서

계사년 한 해가 어느덧 반으로 접어 6월을 보내고 나머지 반이 시작되는 7월, 청포도 익어가는 소리가 들려옵니다.

늦깎이로 문학의 길에 들어선 내가 시인이랍시고 「시와 이야기」를 쓴다는 것이 건방 떠는 일이라고 고상한 문인(?)께서 질타할는지도 모르겠지만 문단 세상에서 내가 느꼈던 것들을 시작 노트 식으로 한번 써보자 하고 용기를 내 보았습니다.

그 용기의 뒷받침에는 문득 떠오르는 김수환 추기경의 저서「친전」 중의 글귀였기에 그 글귀를 먼저 여기에 적어 봅니다.

"사랑이 머리에서 가슴으로 내려오는 데 칠십 년 걸렸다."

김수한 추기경의 어록 같은 이 글귀가 어쩌면 나의 「시와 이야기」의 줄거리인지도 모르겠습니다.

우리 인간이 살고 있는 이 세상엔 많은 길이 있다고 봅니다. 따라서 우리의 삶이란 그 많은 길을 따라 걸으며 저마다 발자취를 남기는 여정이라고 봅니다. 그리고 이 길은 물리적 공간의 길 뿐만 아니라 인연으로 맺어지는 사람과 사람 사이의 마음의 길까지 모두 포함한다고 봅니다. 그러면서 우리의 생은 걷는 길에 따라 가까워졌다

멀어졌다를 반복하며 우리의 삶을 그리고 인연를 가꾸고 배워가고 있는지도 모릅니다.

김수한 추기경의 어록을 곰곰이 생각해 볼 때, 우리의 생에 있어 가장 길고도 먼 여행은 머리에서 마음에 이르는 길이라는 것을 알려주는 철학이라고 봅니다. 머리로 생각한 사랑이 가슴에 이르는 데 칠십 년의 세월이 걸린 길, 이 길은 마음으로 사랑하는 일이 쉽지 않음을 그리고 사랑의 마음을 어찌 간직해야 하는지 일깨우고 있는 심서와 같은 철학이라고 봅니다.

이번에 펴내는 「시와 이야기」는 내 마음의 부족한 표현의 길이지만 독자 여러분과 함께 걸어 보는 길이기를 소망해 봅니다.

감사합니다.

2013.7.10.

저자 이근모 삼가

차례

01

문학의 관점에서 본 창의성과 아이디어

- 대상의 고유한 특성 잡기

1. 여는 말
   - 만남이 운명을 좌우 한다.
2. 문학의 관점에서 본 창의성과 아이디어
   - 창의성(創意性)
   - 아이디어(idea)
   - 아이디어의 실용 스토리 살펴보기
3. 대상의 고유한 특성 잡기와 시적 변용의 의미 확장
4. 맺음 말

문학의 관점에서 본 창의성과 아이디어
– 대상의 고유한 특성 잡기

1. 여는 말

– 만남이 운명을 좌우 한다

경제개발 협력 기구인 OECD가 발표한 행복지수에서 브라질, 러시아 등을 포함한 36개국 중 우리나라는 24위라고 한다. 행복지수 순위를 평가하는 11개 항목 중 '일과 삶의 균형' 항목은 33위이고 '공동체 생활' 항목은 35위로 최하위라 한다. 이렇듯 최하위인 일과 삶의 균형을 위로하는 방법 중의 하나는 문학도 이에 해당되리라고 본다. 요즘 '재능기부' 라는 말이 유행한다. 자기가 가지고 있는 재능을 자원봉사식으로 사회에 환원해 주는 것을 재능기부라 하는 바, 이 재능기부는 아주 훌륭하고 특별하여야만 하는 것이 아니고 아주 보잘 것 없는 재능일지라도 자신의 재능을 기부 받은 사람이 조금이나마 위로받고 도움이 되었다면 이는 훌륭한 재능기부가 된다고 본다. 이러한 의미의 전제 아래 문학에 관한 주제를 가지고 누군가에게 조금이나마 나의 글을 기부함으로써 그 기부를 즐겁게 받아주어 위로가 된다면 더없는 보람이 되겠다고 생각하여 「시와 이야기」라는 글을 쓰기로 작정해 보았다. 그러나 막상 문학에 관한 주제를 가지고 시 이야기를 쓴다는 의미 자체가 망설여지기도 하였고 또한 어떤 내용으로 어떤 주제를 선정 할 것 인가에 관하여도 많은 고민으로 다가왔다.

어쩌다 시인이란 칭호를 받은 나로서는 문학이론에는 문외한이나 다름없기에 문학이론으로 접근하기보다는 시 창작 활동을 하면서 평소에 느꼈던 나름의 생각들을 나의 시작 노트 식으로 여러분께 발표해 보자하고 용기를 내게 되었다.

먼저 이글을 읽어보게 될 여러분과 나와의 만남이 우연인지 필연인지는 나도 그 답을 적을 수 없지만 오늘의 이 만남에 나름의 큰 의미를 부여해 보면서 어디선가 읽어 보았던 기억을 더듬어 "만남이 운명을 좌우 한다" 는 내용을 소개 하면서 서두를 연다.

– 쇠붙이 조각을 손에 들었다고 하자.

매우 단단해서 얼핏 보면 생명이 없는 것처럼 보일 것이다. 그러나 쇠붙이 내부에서는 미립자가 활발히 움직이고 있다. 그것은 자연의 법칙에 의해 운동을 하고 있는 것이다. 가령 강철 조각을 금덩이에 대고 세게 한참동안 눌렀다가 떼어보면 두 가지 쇠붙이는 아무런 변화가 없다. 하지만 과학으로 실험해보면 여러 가지 변화를 볼 수 있다고 한다. 금이나 쇠의 미립자가 서로 다른 금속의 구조 속으로 들어 와 있다고 한다.

사람과 사람의 만남에도 이러한 현상이 일어난다고 한다.

당신의 일부분이 상대방 속으로 들어가고 상대방의 일부분이 당신 속으로 들어온다. 우리가 어떤 사람과 만났다가 헤어진 뒤 아무것도 영향을 받지 않았다고 생각 할지 모른다. 그 사람의 이름과 얼굴 모양까지 잊어버린 채 기억에도 없는 만남일 수도 있다.

그러나 쇠붙이와 금덩이를 붙였다 떼어 놨을 때와 같이 당신의 마음 속 어딘가에 그 사람이 들어 와 있는 미묘한 현상이 일어나고 있다는 것이다.

만남이란 이렇게 무척 두려운 일이다.

내가 미워하는 사람이나 싫어하는 사람들도 내 속으로 들어 와 있는 것이다. 그러므로 당신이 만나는 사람에게 얼마만큼 시간을 사용할 것이냐, 얼마만큼 깊이 접촉할 것이냐, 이는 대단히 중요한 문제다.

이처럼 사람은 서로 영향을 주고받는다.

사람은 혼자서 성장 할 수도 없으며 혼자서 타락할 수도 없고 혼자서 행복할 수도 없지만 혼자서 불행하게 되지도 않는다. 타인의 영향에 따라 달라진다. 우리 인간의 최대 숙제는 자기에게 알맞은 사람을 찾아 만난다는데 성패와 행불이 결정 된다는 것을 알아야 한다.

이글을 읽고 있는 여러분은 나의 '시와 이야기' 라는 지면을 통하여 만난 독자이고 또한 문인이다.

따라서 이 좋은 만남의 인연에 대하여 좋은 성과가 있기를 희망하고 앞으로 내가 이야기 하고자 하는 내용에 대하여도 만남이라는 것과 연관해서 생각하여 주실 것을 주문해 본다.

2. 문학의 관점에서 본 창의성과 아이디어

– 창의성(創意性)

창의성이란 새로운 무엇을 만드는 것을 말한다. 또한, 이에 대한 능력을 창의력 창조력이라고도 한다. 창의성을 정의하는 데는 매우 복잡하다. 1961년 '로데스' 라는 학자는 창의성에 대한 정의를 64개의 예를 들어 분석한 바 있다고 한다.

그중의 하나는 〈이전의 사례를 참조하여 지금의 상황에 맞는 새로운 형태의 것으로 상상하여 재조합하는 능력이다.〉 또 하나는 〈특수부대 군사 훈련에서 불모지에 떨쳐놓고 스스로 살아나오는 방법을 찾아내는 능력이다.〉라고 했다.

이 창의성의 정의를 문학에 도입해 보자

이전의 사례 참조는 좋은 시를 읽고 감상하며 필사를 해보는 것이다. 좋은 시를 읽고 필사하는 과정 안에 시의 비밀이 들어 있기 때문이다. 필사하면서 집중하여 생각을 하면 그 시의 심상, 그 이미지를 쓰게 된 시인의 남모를 동기, 행을 바꾼 의도, 시 속의 소리 없이 숨쉬는 운율 등이 은근히 내게 나타나기 때문이다. 단순히 읽고 지나쳐버리고 만다면 그 중요한 것들의 눈짓을 알지 못한다. 또한, 시를 쓰는 방법도 자연 그렇게 터득되는 것이다. 어떠한 이론적 습득보다 이 방법이 가장 확실하기에 이렇게 하다 보면 재조합의 기법이 터득된다고 본다. 그리고 또한 창의력을 기르는 방법의 하나는 시 이외의 교양서적을 섭렵하는 게 좋다. 문학, 철학, 신화, 미술, 음악, 역사 등 교양의 축적이 폭넓은 시적 자산이 될 것이기 때문이다.

좋은 시 속에 좋은 시를 쓰는 왕도(王道)가 있다는 생각을 잊지 않아야 할 것이다.

– 아이디어(idea)

어떤 일에 대한 착상(着想)이나 구상(構想)을 상상해 내는 것이다.
영어 사전에서 찾아보면

1)개념, 사상, 관념.
2)착상, 발안.
3)생각, 의견, 견해.
4)예측, 지식, 인식.

5)느낌, 예감, 상상.

6)의도, 계획, 의향.

7)생각하기, 상상하기. 등으로 뜻을 설명하고 있다.

이 아이디어란 뜻에서 보는 바와 같이 그 뜻 속의 모든 단어들이 문학창작 이론의 강의에서 나오는 용어들을 다 내포하고 있다.

따라서 다음에 설명할 '대상의 고유한 특성잡기' 에서 아이디어를 염두에 두실 것을 미리 주문한다.

– 아이디어의 실용 스토리 살펴보기

1) 일본 미쓰비시 전기 전자 회사.

- 설립 1921년
- 규모 2008년 기준
- 자본 2조6,000억원, 연매출 60조7,000억원, 종업원 10만 6,000명
- 설립동기

 자전거 수리공이 퇴근길에 짝사랑하는 소녀가 그의 자매와 말다툼하고 있는 것을 보았다. 저녁 공연을 보러 가려는데 시간이 너무 없어 전기다리미를 서로 먼저 쓰겠다고 싸우는 거였다. 그 모습을 보고 둘이서 동시에 쓸 수 있는 쌍소케트를 착안하여 발명특허와 함께 대성공 오늘에 이르렀다.

2)세계를 점령한 필립모비스사〈말보로〉 담배의 개발 동기

사랑했던 소녀와의 사랑이 소녀의 부모의 반대로 헤어지게 되고 그녀의 집 앞에서 마지막 만남이 있던 날 소녀가 "당신의 손에 있는 그 담배가 다 탈 때까지만 인연이다."라고 하여 담배가 다 타고난 후 소녀를 영원히 놓치고 한이 맺혀 1초라도 더 길게 타는 담배를 만들

고자 최초로 필터담배를 개발해 애연가들이 즐겨찾음에 따라 판매량에서 세계를 점령하였다.

3)이사(李斯)의 칙서탄(則鼠嘆)

중국 진나라 제상, 분서갱유(焚書坑儒)의 장본인으로 경서를 불태우고 유생들 410명을 생매장한 주인공이지만 이사의 칙서탄 이야기는 시사하는 바가 크다. 그 내용은 이사가 부잣집 창고지기 서기로 있을 때 창고에서 배불리 곡식을 훔쳐 먹는 쥐와 측간(화장실)에서 똥만 먹고사는 쥐를 보고 자신도 측간의 쥐 같은 처지로 비유하며 한탄하고 진시황에게 찾아가 국론을 피력해 제상이 되었다.

'창고에 가면 배불리 먹을 곡식이 있는데 저놈의 측간의 쥐는 창고라는 좋은 세상이 있는 줄 모르고 측간에서 똥만 먹고 있는데 바로 내가 저 측간의 쥐로구나' 하고는 부잣집 서기직을 버리고 세상을 경영하는 길에 나섰다는 이야기이다.

4)영화 만추(晩秋)의 모티브가 된 이야기

이만희 감독의 〈7인의 여 포로〉[1] 작품이 반공법 위반이라 하여 감옥에서 38일간 옥고 끝에 나와 종로에서 영화를 찍는데 누가 아는 척 해, 보니까 감방 동기였다. 장기수가 어쩐 일인가 하여 물으니까 3일간 모범 휴가를 얻어 나왔다는 말에서 만추[2] 영화의 힌트를 얻어 냈다.

〈그 3일을 어떻게 보냈을까〉하는 관심 속 궁금증에서 시나리오의 내용을 구상하였다고 함.

주1) 〈7인의 여 포로〉남한의 여성이 중공군에 잡혀 북한군에 넘겨졌고 북한군은 이들 여성 포로를 남한으로 되돌려 보낸 내용

주2) 〈만추〉남성 모범수를 여성 모범수로 전환시켜 3일간의 열정적 사랑 이야기의 내용

5)스웨덴 극작가의 기발한 아이디어

스웨덴 극작가가 반정부 연극으로 감옥에 투옥되었다. 봄이 되자 아내가 밭을 갈아야 밀을 심을건 데 대책이 없다고 편지를 보내왔다. 남편은 고민 끝에 회답을 써 보냈다. '밭을 갈지 마라. 우리 밭에는 총이 묻혀있다.' 그랬더니 며칠 후 아내의 답장이 날아왔다. '여보, 병사들이 와서 우리 밭을 마구 갈아요.' 그러자 남편은 즉각 답장을 썼다. '이제 밭이 갈렸으니 밀을 심어라.' 이렇듯 그 작가는 편지를 검열한다는 것을 알고 이를 이용한 것이다. 이것도 아이디어 활용이다.

3. 대상의 고유한 특성 잡기와 시적 변용의 의미 확장

– 시 창작에 있어서 "대상의 고유한 특성을 잡아라."

이는 어떤 한 대상의 고유한 특징을 잡아 의미를 확장시켜 전혀 다른 대상으로 만들어라. 〈시인 고영민의 시 창작 이야기〉

이는 앞서 언급한 창의성과 아이디어와도 연관이 있다고 본다.

우리는 가끔 시를 짓기 위하여 그 대상을 찾아 여행도 가고 직접 그 대상이 있는 곳으로 찾아간다는 말을 듣곤 하는데 앞서 언급한 〈고영민의 시 창작 이야기〉와 일맥상통한다고 생각된다.

나 역시 이름 없는 시인에 불과하지만 주변의 지인, 시인들이 어디를 다녀와서 보고 온 것을 지었다고 하면서 감상해 보라고 보여주는 시를 보면 거의 대부분이 풍경이 전개되어 있는 모습만을 미사여구로 풍경화를 그려놓았을 뿐 이미지를 통한 메시지 전달이 아쉬운 점을 느끼곤 했었다.

그러면 이미지를 통한 메시지 전달이란 무엇인가?

서두에 말한 〈고영민의 시 창작 이야기〉가 바로 그에 해당되지 않을까 하고 생각을 해본다.

인터넷 여행을 하다가 주암호 억새라는 사진을 감상할 기회가 생겨 직접 현지에 가지는 않았지만 그 사진을 통하여 현지에서 주암호의 억새 감상을 하는 느낌이 들더니 불현듯 〈고영민의 시 창작 이야기〉를 읽었던 내용이 떠올라 주암호 억새 사진을 통하여 대상의 특성을 나름대로 찾아보고 그 의미를 확장시켜 전혀 다른 대상으로 만들어 보려고 한참을 생각하였지만, 나의 상식으로는 주암호에 대한 정보가 깊지 못하고 단지 광주시민의 상수원이라는 사실밖에 더 이상 다른 것은 떠오르지 않았고 억새의 사진을 보면서 전혀 다른 대상의 특징을 생각하던 중 억새의 윗부분 하얀 부분이 바람에 누워있는 듯 휘어져 있는 모양이 개가 꼬리를 살랑살랑 흔드는 모습으로 떠올랐다. 광주시민은 주암호의 물을 마신다, 그렇다면 주암호를 광주의 이미지로 변환 시켜보자.

광주의 특성은 무엇일까? 역사적 사실로 접근해보자 하고는, 현대사에서 찾을 수 있는 것이 광주학생독립운동, 5.18 등의 사건을 떠올릴 수 있었고 이 사건은 누구나 다 아는 사실이기에 5.18 당시의 군중집회, 계엄군의 시민을 쫓으며 총을 쏘는 장면, 쫓기는 군중, 이러한 장면으로 주암호 억새를 의미확장시켜 전혀 다른 대상으로 이미지를 담아 보았기에 졸시를 소개해 본다.

주암호 억새 / 이근모

가을이 되면 주암호에서는
허가받지 못한 억새들이 집회를 하고
이를 바라보는 태양이 울고 있는 것을 본다.

억새의 눈물방울 호수를 가득 채우고
이름 모를 영혼들을 달래는 진혼곡
가을 물빛으로 산산이 부서지고 있다.

봄을 피우기 위한 5월의 함성이
가을 햇살 아래서 벌이는 한 마당 집회는
겨울 저수지를 달래는 촛불 행사 같다.

억새풀, 꽹과리 상쇠 머리 돌리 듯
빙글빙글 돌리는 휘모리 장단 소리
개꼬리 쫓고 있다.

어디서 저 많은 개가 모였을까.
탕, 탕, 탕, 탕.
깽, 깽, 깽, 깽.

개털 태우는 향기 산야를 진동하고
주암호 붉게 물들인 눈물
억새 뿌리 적신다.

"주암호 억새" 전문

다음은 냉장고라는 졸시를 앞서 소개한 이론에 의하여 열거한다.

먼저, 냉장고의 특징은 보관 물품을 차게 하기 위하여 작동을 할 때 윙윙 하고 기계를 작동하는데 이를 울음소리로 발상 전환을 했고 냉장고에 보관 물품을 넣기 위하여 문을 열면 환하게 불이 켜진다는 것. 그리고 문을 꼭꼭 닫아야 냉동이 된다는 것, 이러한 특성을 이용하여 전혀 다른 사랑의 이미지로 확장 전환해 보았다.

냉장고 / 이근모

가까이 다가오지 마세요.
당신의 열꽃 너무 뜨거워요.
당신이 그렇게 뜨겁게, 뜨겁게 다가올수록
나는 꼭꼭 문을 닫을 수밖에 없어요.
가슴 붉어지게 왜 자꾸 문을 두드려요?
왜 자꾸 문을 열어요?
당신의 그 뜨거운 열정
나의 이 차가운 눈으로 녹여 버릴래요.
당신의 그 뜨거운 구애(求愛), 바람으로 피어날까 봐
내 안에 가두고 한 눈 팔지 못하게 꽁꽁 얼려서
옴싹달싹 못하게 할 거에요.
그리하여 입안에서 달콤하게 녹아 드릴게요.
당신이 뜨겁게 다가올수록 나는 더 빗장을 걸어요.
당신이 내 가슴을 엿볼 때마다 얼굴이 붉어져요.
당신을 품어야 하는 수줍음에...
그렇다고 너무 가까이 오지 마세요.
당신의 그 뜨거운 사랑 감당하지 못해
나는 더 차가워지니까요.
파고들수록 마음 꼭꼭 걸어 잠근 채
어둠의 고요 안에서 가끔은 엉엉
울어야 되니까요.
나를 울게 하지 말아요.

"냉장고" 전문

다음은 지팡이라는 졸시를 앞서 말한 이론에 의하여 소개해 본다.

지팡이 하면 흔히들 보행에 어려움이 있는 사람의 보조기구로 일반화되어 있다. 그러나 보행이 어려운 사람의 보조기구로서 지팡이와 맹인의 보행을 위한 지팡이는 그 대상의 고유한 특성이 다르기에 여기에 착안하여 지팡이가 전달해 주는 느낌으로 보행을 하는 맹인의 마음의 눈을 그려 의미확장을 해본 시다.

지팡이 / 이근모

충장로 4가 횡단보도에서 맹인의 지팡이 두드리는 소리를 듣는다.
지팡이 소리로 앞서 가는 숙녀의 각선미를 보고,
뒤따라 오는 애 엄마의 쳐진 젖가슴도 본다.
소주방 앞을 지날 때는 쇠주잔에서 출렁이는 인생의 노래를 듣고,
국밥집 문 앞에서는 뚝배기에 담겨진 된장국 삶을 그린다.
지팡이 하나로 볼 수 있고 들을 수 있고 그릴 수 있는
심안(心眼)으로 피어나는 지팡이 소리, 딱. 딱. 딱.
나의 육안(肉眼)으로는 볼 수도 들을 수도 그릴 수도 없는 소리.

"지팡이" 전문

위의 지팡이 시는 또 다른 메시지를 담고 있다. 요즘의 사회 현상을 보면 두 눈 멀쩡하게 뜨고도 세상을 제대로 바라보지 못하는 청맹과니보다 훨씬 차원 높은 심안을 찬미함으로써 자기중심적 사고로 사회 현상을 편향적으로 바라보는 사람들에게 일침을 가하는 메타포[3]를 갖고 있다.

주3) 메타포metaphor : 은유, 문학에서 행동, 개념, 물체 등이 지닌 특성을 그것과는 다르거나 상관없는 말로 대체하여, 간접적이며 암시적으로 나타내는 일

다음은 장미라는 졸시를 앞서 말한 이론과 연관 지어서 소개한다. 장미 하면 그 특성이 아름다운 꽃이라는 것. 그리고 남성보다는 여성적 이미지라는 것. 그러면서도 가시가 있다는 것. 이러한 장미의 고유한 특성에서 연시의 형식을 빌려서 임에게 향하는 마음과 그임으로부터 무참히 짓밟힌 자존심을 사디스트[4]와 메조키스트[5] 개념을 차용하여 장미 가시를 시적 형상화의 대상으로 삼아 그려본 시다.

장미 / 이근모

온밤 뒤척이며 보내는 밤마다
별빛에 쏟아놓은 눈물 한 가슴씩,
창밖에 내려앉은 달빛 한 두레박씩
길어 나르며 그대에게 뿌려주었더니
선홍색 꽃망울 뒤에
가시를 키우고 있었군요.
그대를 그리워할수록
촘촘하게 세우는 가시로
상처와 아픔을 더해 주는군요.

그대를 그리워하고 사랑하였던 것이
그대에게 아프게 찔리고
상처받기 위함이었을까요.

주4) 사디스트 : 어떠한 대상이 물리적, 정신적 학대를 받을때 성적인 흥분을 느끼는 것을 말함
주5) 메조키스트 : 때리면서 쾌감을 느끼는 것을 말함

그렇다면,
살갗 내밀고 피어오르는 열정,
오직 그대의 가시에 찔리고 또 찔리어
숨죽일까 합니다.

고독한 사랑이여!
얼마나 더 외로워져야
찔러오는 그대의 가시가 아픈 줄 모를까요.
얼마를 더 울어야
가슴깊이 샘솟는 눈물이 마를 수 있을까요.

"장미" 전문

다음은 계절과 연관지어 발상 전환한 찔레꽃Ⅱ의 졸시를 소개해 본다.

찔레꽃의 전성기는 5월이다. 지금은 보릿고개라는 말이 사라진 지 오래고 젊은 세대는 이 보릿고개라는 의미마저도 모르고 있는 것이 현실이다. 나의 어린 시절과 우리 부모님 세대에는 보릿고개 역시 5월이 전성기였다.

5월이라는 계절 속에서 찔레꽃, 보릿고개, 그 삶 속에서 살아야 했던 부모님 세대, 이러한 것들을 함축해서 쓴 시다.

찔레꽃Ⅱ / 이근모

울 엄니 새참이고 들녘 길 걸을 때
찔레꽃 하얀잎 함지박 고봉 그릇에
이밥으로 내려앉네.

갈증을 적시는 찔레꽃 향기
열무김치 삭혀서
울 아배 땀방울을 식히네.

들밥이고 논에 간
울 어매 기다리며 따먹던
찔레꽃 추억

5월이면 새록새록 찔레꽃은 피는데
울 어무니 울 아부진
아지랑이로만 피어오르네.

"찔레꽃Ⅱ" 전문

다음은 "사유하는 몽돌" 이라는 졸시를 소개한다.

해변에 가면 파도에 씻기고 닳아진 몽돌을 볼 수 있다. 몽돌하면 헤아릴 수 없는 세월을 파도와 바람에 씻기면서 닳고 닳아 각진 돌에서 둥글둥글 원형에 가까워져 매끄럽고 검게 윤이 난다. 이 몽돌이 몽돌로 되기까지의 시간에서 겪어야 했던 아픔, 상처, 등의 스트레스를 고진감래와 같은 승화된 아픔으로 발상 전환해서 쓴 시다.

사유하는 몽돌 / 이근모

가슴을 쫙 가르고
흥건히 배어 있는 장아찌를
아삭아삭 포효하듯 씹었다.
꼬박 밤을 새우며,

포효하는 소리의 무게를 저울추에 달아
진동 파장만큼 돌을 깎았다.
그때마다 굵은 돌, 가는 돌, 뾰족 돌,
뒹구는 소리는
오선지에 난타 음표를 그리며
하나하나 몽돌이 되었다.

난타의 울림에 젖은 핏빛 몽돌은
어느덧 숯덩이 몽돌로 검게 타면서
어둠을 가꾸는 미지의 밤을 향해
한을 사랑하는 혼불로 달려가고 있었다.
캄캄한 밤, 타서 재가 된 가슴에
한을 풀어헤쳐 뿌리며---.

깜박깜박 별이 지고 있는 새벽 미사에
몽돌의 조용한 기도 소리가 유성처럼
하늘을 가로지르고 있었다.
미처 태우지 못한 가슴에 얹어 놓은 몽돌은
절규를 갈아 만든 삶을 비워내지 못한 채
끝내 울음을 터트리고
아픔 깃든 가슴을 지켜보고 있었다.

몽돌의 울음을 아무도 듣지 못했다.
울음이 말라 침묵을 사랑할 수밖에 없는
몽돌의 가슴이 오늘 유난히 따끔거린다.

"사유하는 몽돌" 전문

다음은 그림자라는 대상을 가지고 이 그림자의 특성을 나름으로 형상화하여 쓴 "그림자의 독백"이라는 졸시를 소개한다. 그림자는 햇볕이 있을 때만 존재한다. 언제나 명암이 있다. 어떤 대상에 밝은 빛을 비춰도 그 대상은 그림자를 생성한다. 즉, 100% 밝은 것이 아니다. 모든 대상의 그 이면에는 그늘이 있는 것이다. 이 그늘은 빛과 같은 이로움이 있는가 하면 암흑과 같은 어둠이 있다. 이러한 그림자의 특성을 가지고 그림자를 의인화해서 자신의 분신이라는 관점에서 자신을 성찰해 보는 심정으로 써본 시다.

그림자의 독백 / 이근모

나는 지금 햇볕을 쬐고 있다
오직 햇살을 머금어야만
살아 숨 쉴 수 있기에.

우울한 구름이 햇빛을 가린 날은
세상 모두가 추락의 나래에서 방황하고
나의 존재는 흔적도 없다

존재를 각인시키고 싶은 날
내가 가야 할 목적지가 어디일까를 두고
잠시 사념에 잠긴다

햇살 따가워도 땀방울마저
식히지 못하는 고행으로
햇살의 알갱이만을 주워담지만

언제나 구슬로 꿰맬 수 없어
늘 어둠을 간직할 뿐이다

어둠이 싫어 알갱이를
주머니 가득 채울수록
나는 더욱 어둠과 친해지고
초라해진다

일생을 어둠 안에서 살아온 나
그러나 석양에 걸친 노을 그림자만은
황홀하고 찬란하다

최후는 아름다운 것
그리고 손짓한다
안녕 나의 그림자여.

"그림자의 독백" 전문

마지막으로 노을이라는 졸시를 소개하면서 '대상의 고유한 특성을 잡아라.'의 나름의 이론을 마칠까 한다. 노을 하면 아침노을과 저녁노을이 있으나 아침노을보다는 저녁노을에 우리는 익숙해 있고 그러다 보니 노을의 의미는 삶에 있어서의 일몰과 같은 또는 생의 마감, 노년 말년 이런 이미지를 가지고 있다. 이런 이미지에서 전혀 다른 나의 이야기로 발상 전환하여 써본 시다.

노을 / 이근모

리어카 바퀴에 감겨있던 노을
불 꺼진 방 어둠을 갉아먹는다

가장 오래된 뇌세포만이
뚜렷한 흔적으로 남아
생글뱅글 웃음 짓는 홍안(紅顔) 같이
서산 등성마루에 걸친 노을

팔고 남은 생선 한 마리
리어카 좌판에서 뒹굴고
석양에 처진 그림자 드리우며
문지방 들어서는 아들

치매 엄니 눈동자엔
첫돌 맞은 모습만이 생생할 뿐
파란중첩(波瀾重疊) 삶의 애환
노을 저편으로 달린다.

"노을" 전문

이 시는 내가 가장 아끼는 시다.

이 시에는 나의 아버지와 어머니의 삶이 그리고 그 모습이 들어 있기 때문이다. 그리고 이 시는 대상의 고유한 특성을 잡아 전혀 다른 이미지로 발상 전환한 시라기보다는 「시적 변용과 형상화」라는 문학이론에 접근하여 써본 시이기에 이 「시적변화와 형상화」라는 나름의 이론을 피력해 본다.

시적변용과 형상화

우리는 의사소통이라는 말을 사용하여 교감의 의미를 설명한다. 시에 있어서도 시를 감상함에 있어 그 시가 이야기하고자 하는 내면을 제대로 파악하고 이해를 했을 때 화자와 독자 간에 교감이 생기고 의사소통이 이루어지고 시의 메시지가 무엇인가를 알게 된다.

시를 씀에 있어 시를 이미지화하라는 주문도 종종 있다. 그런데 시를 이미지화한답시고 어법과 맞지 않는 단어의 연결이라든지 의미의 연결이 되지 않는 시어의 사용을 볼 수 있다.

소위 말장난 같은 시어로 시를 썼지만 그 시를 가만히 들여다보면 도저히 무슨 의미인지를 파악하기가 어렵다.

그저 말장난만 해놓았지 그 시의 내용에 메시지도 없고 그렇다고 이미지화된 것도 없고 시적 변용의 형상화가 전혀 되어있지 않다.

그러면 여기서 시적변용의 형상화란 무슨 의미일까 이 개념부터 짚고 넘어가야 주제에 관한 이야기가 쉽게 풀어질 것 같다.

하나의 문장을 예를 들어 제시한 개념을 설명하고자 한다.

'갈퀴로 낙엽을 긁어모았다.' 라는 문장에서 '긁는다' 라는 단어를 놓고 생각을 해보자. 긁는다는 것은 그 긁는 대상이 형태가 있고 긁어질 수 있어야 한다는 것을 전제로 함을 알 수 있다. 그런데 이 긁는다는 단어를 시문에서 '흐르는 눈물을 긁어모아 가슴에 담았다'

이렇게 표현했다고 하자. 눈물을 어떻게 긁어모을 수 있을까? 이 표현을 어법이나 문법적으로 이해한다면 맞지 않는 문장표현이다.

갈퀴가 어떻게 눈물을 긁어모을 수 있다는 것인가? 이 싯구를 산문적으로 이해한다면 헛수고에 그친다. 그러나 이를 싯구에서 사용한다는 것은 주관적 정서적 해석을 통해 실감을 부여한 것이라 할 수 있다. 이러한 기법을 시적 변용과 형상화라는 용어로 명명한다.

변용이란 일종의 데포르마시옹(deformation)으로 미술용어이기도 하다. 대상의 자연 형태를 재현하는 것이 아니거나 작가의 주관에서 모양이나 형태를 의식적으로 확대하거나 변개하여 표현하는 그 기법을 시문에서 차용하는 것을 의미한다.

30년대 모더니즘 운동에 참여한 박용철 시인의 시적변용이란 평론이 그 한 예라 할 것이다.

이 시적 표현의 변용이 형상화가 되면서 하나의 이미지를 만들어 내고 있는 것이다.

이상으로 시적 변용과 형상화라는 나름의 이론을 피력하면서 맺음 말로 본 칼럼을 마칠까 한다.

4. 맺음 말

우리의 현대시 형태를 나름대로 느꼈던 점을 이야기하라면 압축이 기교의 중심이 되었던 시에서 드러냄이 시적 기교의 중심이 되는 시로 변천했다고 나름대로 정의한다. 따라서 드러냄의 시적 기교의 성공은 적절한 시적 언어의 선택과 활용이라 할 수 있다. 적절한 시적 언어의 선택과 활용이란 감추면서도 드러내고 드러내면서도 감추어진 형식의 언어 사용 기법일 것이다.

이러한 기법의 하나가 시적 대상의 고유한 특성을 찾되 전혀 다른 의미로 확장을 시키는 것이고 이 의미 확장을 시키는 요령이 바로 창의와 아이디어인 것이다. 창의와 아이디어의 발상은 아주 간단하다. 고정관념(固定觀念)에서 벗어나는 것이다. 낯선 곳은 하나의 새로운 세계를 의미하는 것이며, 불안의 자리를 의미하는 것이며, 뜻하지 않았던 새로운 영감에 대한 발견을 의미한다. 하여 우리는 항상 시창작의 새로움에 도전할 각오를 준비하여야 한다.

준비한 자만이 독자의 사랑을 받는 시인으로 거듭날 것이라고 믿어 의심치 않는다. 이러한 나의 스콜라철학 같은 괴변 문학 이론으로 변변치 못한 발표를 읽어 주신 독자 여러분께 감사를 전하면서 이태백의 시 창작 기술법을 소개하면서 마친다.

선경후정(先景後情)-먼저경치(자연, 사물, 대상 등)를 서술하고
난 후 화자의 마음(발상전환)을 그려내라

이는 앞서 소개한 "대상의 고유한 특성을 잡아 전혀 다른 대상으로 확장 발상 전환하라는 말과도 일맥상통한다 하겠다.

참고문헌(자료)

창의성과 아이디어 [강환식, 희곡 작가]
시창작 이야기 [고영민. 시인]
천 편의 시 읽기와 베껴 쓰기 [강인한, 시인]
시적 변용과 형상화 [문병란, 시인]

문학과 역설

– 역설이 주는 위안

1. 여는 말
2. 문학과 역설
   - 역설의 개념
   - 선다싱 이야기와 반전의 지혜
   - 역설의 기법을 이용한 시 감상
3. 맺음 말
   - 사람을 안다는 것.

문학과 역설
– 역설이 주는 위안

1. 여는 말

요즘 힐링(Healing)의 유행어와 함께 멘붕이라는 용어도 심심찮게 등장한다. 멘붕은 은어의 일종이다. "멘탈(mental) 붕괴"의 약어로서 약한 정신적인 충격을 의미한다. 그러나 트라우마[1]와 같은 실제의 정신적인 충격보다는 굉장히 웃기는 상황, 황당한 상황, 어이없는 상황 등으로 인한 가벼운 심리적 놀람의 상태를 재밌게 표현하고자 할 때 이용된다.

우리는 주변으로부터 어이없는 이야기로 여러 사람을 황당하게 하고 타인에게 스트레스를 주는 언행을 하는 사람을 대할 때가 있다.

그럴 때 그런 언행을 하는 사람에게 맞받아치는 식으로 대하면 싸

---

1) 트라우마 : 의학 용어로 외상(外傷)은 사고나 폭력에 의해 장기가 충격을 받은 상태를 가리킨다. 사실 그냥 트라우마 라고 하면 신체적인 외상을 말하며, 정신적 상처를 말할 경우엔 앞에 정신적(mental) 등의 말을 붙여 쓴다.
마음의 상처라는 의미로도 쓰인다. 단순히 외상(상처)라는 의미의 말인 트라우마가 일본에서는 왠지 정신적 외상만을 가리키는 말로 의미가 좁혀져서 널리 쓰인다. 추정하건대 트라우마가 원래 무슨 뜻인지도 모르는 사람들이 많은 상태에서 전문가나 매스컴 등에서 정신적 트라우마, 정신적 트라우마 하다 보니까 트라우마=마음의 상처로 인식하게 된 듯하다. 창작물에서의 트라우마는 외상 후 스트레스 장애를 의미하는 경우가 많다. "자라 보고 놀란 가슴 솥뚜껑 보고 놀란다"는 말이 바로 외상 후 스트레스 장애에 해당된다 할 수 있다.

움으로 번지고 서로가 상처를 받기 마련이다.

이럴 때 멘붕과 같은 기법을 이용하되 이를 역설적으로 표현해서 스트레스를 주는 사람에게 일침을 놓으면 그 사람도 자신의 언행에 대하여 깊이 생각을 가질 뿐 아니라 자신의 언행에 일침을 가한 상대에게 송구스러움과 아울러 맞받아치는 식의 싸움도 일어날 수 없을 것이다.

이러한 의미에 중점을 두고 역설의 개념을 살펴보고 문학에서 차용되는 역설의 작품들을 감상하는 것으로 본 칼럼을 전개하고자 한다.

2.문학과 역설

- 역설의 개념

그러면 역설이라고 하는 것은 무엇을 의미할까? 그 역설에 관하여 개념적 의미를 먼저 살펴보고자 한다.

위키 백과에 나와 있는 역설 [paradox]의 의미는 "역설(逆說)은 언뜻 보면 일리가 있고 있는 것처럼 생각되는 것에도 불구하고, 분명하게 모순되어 있거나 잘못된 결론을 이끌거나 하는 논증이나 사고 실험 등을 일컫는다."

역리(逆理) 또는 배리(背理) 등으로 번역되기도 한다. 영어 패러독스(paradox)는 그리스어(paradoxos)가 어원으로, 'para' 는 '반(反)' · '역(逆)' 을, 'dox' 는 '의견' 을 뜻한다.

이러한 역설 [paradox]의 기법을 차용한 시(詩)를 감상할 때는 외관상 자가당착적인 진술, 그 저변에 깔려 있는 의미를 파악하려면 주의 깊은 음미가 필요하다. 역설의 목표는 듣는 사람의 흥미를 끌고 신선한 사고를 일으키는 데에 있다. '더 적은 것이 더 많은 것이다' 가 그 한 예이다.

또한 "가장 많이 고친 사본이 대개 가장 부정확한 사본이다."라는 프랜시스 베이컨의 격언은 오래된 문학적 역설의 본보기이다.

조지 오웰이 쓴 반(反) 이상향 풍자소설 〈동물농장 Animal Farm〉(1945)에서 동물들의 집단농장에 내려진 제1계명은 다음과 같은 재치 있는 역설로 바뀌어 있다.

"모든 동물은 평등하다. 그러나 어떤 동물은 다른 동물보다 더 평등하다."

그러나 시에서 역설의 기능은 단순한 재치나 흥미 유발에만 있지 않다. 현대의 비평가들은 시에서 역설이란 시어의 일부를 이루는 기교로써 오류와 진실 간의 긴장을 동시에 담고 있는 것으로 간주하며, 그것은 반드시 전혀 의외의 단어들을 늘어놓는 것뿐 아니라 단어의 일반적인 의미를 계속적으로 미묘하게 바꾸는 것으로도 가능하다고 본다. 역설이 두 단어로 압축된 경우, 예를 들면 '소란한 침묵', '고독한 군중', '살아 있는 죽음' 등은 모순어법(oxymoron)이라고 하는데 이 모순어법도 역설의 기법이라 할 수 있다.

이렇듯 역설의 기법은 자신을 치유하고 상대를 배려하는 기법이기에 인간관계에서 필요한 처세 방법이라 할 것이다. 또한, 역설의 기법은 여러 분야에서 활용되는 바 패러독스의 이해를 돕기 위하여 선다싱 이야기와 반전의 지혜 이야기를 실예로 들어 보고자 한다.

– 선다싱 이야기

인도의 성자라고 불리는 선다싱이라는 사람이 히말라야 산맥을 등반하고 베이스캠프로 오던 중에 심한 눈보라를 만났다. 한참 힘들게 길을 가다 보니 어떤 사람이 쓰러져 죽어가고 있었다. 이를 어찌해야 하나 하고 안타까워하고 있는데 마침 그때 한 사람이 길을 내려오고 있었다. 가까이 다가가서 이 사람을 함께 교대로 업고 가자고 했다. 하지만, 그 사람은 "나 혼자도 살아나기 어려운 판에 어떻게 그 사람을 업고 가느냐?"라고 하면서 그냥 가버렸다. 할 수없이 선다싱 혼자 죽어가는 사람을 들쳐업고 얼마쯤 가다 보니 바로 전에 혼자 살겠다고 가버린 사람이 길바닥에 쓰러져 있었다. 가까이 가서 확인해보니 이미 그는 얼어죽어있었다. 혹독한 추위 속에서 저체온증으로 죽은 것이다.

그러나 선다싱은 쓰러져있었던 사람을 업고 오다 보니 땀이 나고 서로의 체온이 서로를 감쌈으로 인하여 저 체온 증을 이겨내어 살아남게 되었던 것이다.

– 반전지혜, 주도권의 반전 – 빚 갚은 지혜

영국에서는 오래전 남에게 돈을 빌렸다가 갚지 못하면 교도소에 구금되는 때가 있었다. 그 당시 런던의 한 상인이 어느 고리대금업자로부터 많은 돈을 빌렸다가 사업 실패로 갚지 못했다. 흉악한 고리대금업자는 그 상인의 젊고 예쁜 딸에게 반해 있었다. 그는 빌려간 돈을 갚지 못한다면 대신 상인의 딸을 주면 빚을 면제해 주겠다고 제의했다.

상인과 그의 딸은 그 제안에 기겁을 하고 거절했다. 그러자 교활한 고리대금업자는 그럼 신의 뜻에 따라 결정하자고 다시 제안했다. 즉, 자기 돈지갑 속에 흰 조약돌과 검은 조약돌 하나씩을 넣어서 상인의 딸이 그중에 하나를 꺼내어 그 색깔에 따라 결정하자는 것이었다.

딸이 검은 돌을 꺼내면 자신의 아내가 됨과 동시에 빚을 갚지 않아도 된다. 반대로 딸이 흰 돌을 꺼냈을 때에는 자신과 결혼하지 않을 뿐만 아니라 빚도 탕감해 주겠다고 했다. 이 제안을 거절하면 그녀의 아버지는 빚 때문에 교도소에 가는 것은 물론이고 식구들은 당장 굶을 수밖에 없었다.

가난한 상인은 마지못해 그 제의를 수락했다. 고리대금업자는 상인의 집 정원에 깔려 있는 많은 조약돌 중에 두 개를 집어 지갑에 넣었다. 이때 상인의 딸은 불안해하면서도 그가 검은 돌 두 개를 지갑에 넣은 것을 예리하게 보아 두었다.

채권자는 곧 그녀와 아버지의 운명을 결정짓게 될 돌을 꺼내라고 상인의 딸에게 재촉했다. 그녀는 지갑에 손을 넣고 고심하는 척하며 돌 한 개를 꺼냈다. 그리고 꺼낸 돌을 보여주지 않고 곧바로 실수인 것처럼 정원에 떨어뜨렸다. 여러 돌과 뒤며 섞여져 집은 돌을 찾을 수가 없게 되었다.

"어머 제가 실수를 했군요. 하지만, 염려 마세요. 지갑 속에 남아 있는 돌의 색깔을 보면 제가 떨어뜨린 돌의 색깔을 알 수 있을 테니까요" 라고 말했다. 이 이야기에서 지갑에 남은 돌 색깔은 당연히 검은 돌로 흰 돌을 집었다는 결과를 내도록 하여 역설적 사고의 지혜가 주는 반전의 묘미를 생각하게 하고 있다.

위의 두 가지 이야기도 필자는 패러독스의 범주에 해당된다고 본다. 이렇듯 패러독스의 사고(思考)의 범위는 무한하다. 이 무한한 사고에서 독자들에게 위안을 주는 역설적 시 창작은 오직 시인 여러분의 몫이라 할 것이다.

– 역설의 기법을 이용한 시 감상

역설의 의미와 관련하여 몇 편의 시를 소개하면서 이에 대한 체언을 더할까 한다.

먼지 낀 숨결의 진술서 / 이근모

백화점 점원이 날 부르는 호칭

아버님 이 사이즈와 색상이
잘 어울리고 맞네요.
그러던 어느 날 집사람 모시고
병원 응급실에 갔더니
간호사께서 하신 말씀
할아버지 혈압 재셨어요?

점원이 불러주던 아버님이나
간호사가 부르던 할아버지나
나이 먹은 늙은이라는 의미이건만
아버님보다 할아버지라 부른
그 간호사가 왜 그리도 밉던지
'예, 누나' 하고 대답하였네.
왕방울 눈으로 쳐다보는 그녀에게
윙크까지 해주며---

거울 앞에 서서 비춰보니
거울이 말하더라.
귀밑 반백이 하얀 것인지 검은 것인지
어느 한쪽도 확실하지 않아
아버님도 되고 할아버지도 되는 것이라고.

아버님도 아니고 할아버지도 아니기 위해
이발소에 가서 염색으로 위장하니
지나가던 젊은 여자가 길을 물으면서
아저씨라고 호칭하더라.

세상은 이렇게 짜가와 위장을 아름답다 하네.
아! 짝퉁으로 태어난 내 모습에
거울은 오~ 통제라 슬피 울고

낙엽 지는 날 먼지 낀 숨결이 진술하는
흙의 이야기를 듣네.
흙은 낙엽 같은 참모습만을 품는다는
이야기를.

무릎 속 감춘 비밀 안으로 바람이 샌다.

위의 시〈먼지 낀 숨결의 진술서〉에서 패러독스 기법의 시어는 어떤 것일까?

제2연의 〈'예, 누나' 하고 대답하였네. / 윙크까지 해주며. /

그리고 제4연의 〈아저씨라 호칭하더라. / 〉가 필자는 패러독스 기법을 차용한 시어라고 본다.

계사년 패러독스 / 이근모

아담과 이브의 타락 진실을
뒤집어쓴 너는
인간의 죄를 변명하기 위한 음모였었지
너의 혓바닥 날림거림은
아전인수로 고고한 척 호박씨 까는 자를 향한
소리 없는 항의라는 것을 나는 안다

날카로운 독이빨로 목줄을 물어뜯는
모나리자 미소 같은 웃음을 띤 마녀여
뱀을 팔아 정당화시키는 혓바닥이
징그럽게도 또 나를 타락시키는구나

에이 씨팔
내 혓바닥이 칼을 가는 숫돌로
총알을 장전하고 있는 것을 보니….

천사의 웃음 같은 미소 머금은 여인아
계사년 해돋이 정기로 날림거리는 혀 내밀고
또 다른 아담을 타락시키려무나
너 때문이라는 핑계를 말할 수 있게….

위의 시 〈계사년 패러독스〉는 자신의 책임을 전가하고 있는 사회 현상의 현실 앞에서 뱀의 해를 맞아 인간의 죄를 뒤집어쓴 뱀을 향하여 과연 뱀이 인간을 타락시켰을까? 인간이 지은 죄를 뱀에게 전가 시킨 것은 아닐까? 하는 사고 하에 쓴 시로 제2연의 〈모나리자 미소 같은 웃음을 띤 마녀여〉, 그리고 제4연의 〈천사의 웃음 같은 미소 머금은 여인아 / 또 다른 아담을 타락시키려무나. 〉와 같이 이러한 시어들이 패러독스 기법이 아닐까 하고 피력해 본다.

진실 패러독스 / 이근모

진실은 언제나 슬픔을 안고 산다
사랑이란 이름으로 뱉어내는 독설은

쾌락을 위한 거짓이다
질투의 화신이 쥐고 있는 사전에는
진실이라는 낱말은 없다
오직 소설만 있을 뿐이다
누가 너를 그렇게 만들었나
진실은 두 손 들지 않는다
그저 가려져 있을 뿐이다
보이는 대로 존재하는 세상이라지만
참을 볼 줄 모르는 자
그것은 자신의 책임이다
자신의 불행이 되는 것이다
그러기에 행복은 셀프라 한다
삶의 여행 안에서
고난과 아픔이 무엇인가
셀프의 의미를 찾아 보자
진실은 가슴 안에 있고
가슴은 진실 안에 있나니
가슴으로 바라보고
마음으로 느껴보자
인간사 모두를 빈 마음에 담아
가슴 따뜻하게 불지펴 보라
손을 얹은 너의 가슴 안에 진실이 있다
가슴에 손 얹을지 모르는 사람아
둘러씌운 음모에 진실이 운다.

위의 시 〈진실 패러독스〉는 진실이란 무엇인가? 하는 물음표 안에서 진실의 실체를 찾아보고자 패러독스 기법을 응용해 본 시다.

'진실의 언어는 침묵이다.' 라는 말이 있다. 또 '진실은 말이 없다.' 라는 말도 있다. 그래서 진실은 침묵해야 하기에 말을 줄여야 하기에 슬픔이다. 또한, 이 슬픔을 늘 안고 사는 것이다. 하여, 역설적으로 '진실은 슬픔을 안고 산다.' 라고 표현했다. 이 표현의 시어가 바로 패러독스라고 본다. 진실이 우는 것까지도.

이상 주제와 연관하여 나의 제5시집 가칭「먼지 낀 숨결의 진술서」에 편집된 시 3편을 소개했다. 이 시가 과연 역설이 주는 위안의 시에 해당되는지의 여부는 독자 여러분의 판단에 맡긴다.

3. 맺음 말

역설의 기법은 여러 분야에서 활용되고 그 사례 또한 많다. 최근에는 논리학 패러독스라는 이론도 대두 되고 있다. 이러한 현상에서 내가 패러독스에 관한 이야기를 한다는 것 자체가 어쩌면 건방을 떠는 주책인지도 모른다. 그러나 사회 현상을 바라보는 사회 과학에서는 정답이 없다. 바라보는 관점에 따라 그 개념의 정리를 달리하기 때문이다. 단지 다수설이냐 소수설이냐의 차이일 뿐이다. 이러한 의미에서 공자에 나오는 '사람을 안다는 것' 도 역설의 의미를 파악하는데 도움이 되리라 보기에 이에 대한 말씀을 옮기면서 본 주제를 마칠까 한다.

"내가 사람을 대함에 있어, 누구를 흉보고 누구를 칭찬하랴. 그러나 어떤 이를 칭찬할 경우에는 먼저 그를 시험해 본 다음에라야 한다."

역설 또한 이와 같은 이치가 아닐까 하고 생각을 해본다. 사람의 겉모습과 속은 늘 일치하는 것만은 아니어서, 그만큼 역설로 상대를 이해시키기란 쉽지 않다. 보이는 모습은 물론 감춰진 모습까지 두루 알아야 그 사람을 아는 것이고 그 사람을 알았을 때 역설의 기법을 쓰는 것이니 사람을 알기란 참으로 어렵다 할 것이다. 시인 여러분의 빛나는 시작(詩作)이 있기를 기대한다.

끝으로 주제와 관련하여 유머 하나 올려놓는다.

– 아내의 말 속에 숨은 뜻

* 자기, 나 사랑해? (나 사고 싶은 게 생겼걸랑)
* 자기, 날 얼마만큼 사랑해? (나 오늘 일 저질렀는데...)
* 쓰레기봉지가 꽉 찼네. (쓰레기 좀 버리고 와)
* 무슨 소리가 들린 것 같아요. (너 혼자 먼저 자니?)
* 개가 짖는 것 같아요. (당장 나가서 무슨 일 있는지 알아봐)
* 나 화 안 났어요. (당연히 열 받았지, 이 멍청아!)
* 맘대로 해요. (하기만 해봐)
* 차에 먼지가 많던데. (빨리 나가서 세차 안 해?)
* 우리 얘기 좀 해요. (내 불만이 뭐냐면...)

인연을 가꿀 줄 아는 사람

1. 여는 말
2. 인연이란?
   - 인연의 의미
   - 인연을 소재로 하는 시 감상
3. 맺음 말

인연을 가꿀 줄 아는 사람

1. 여는 말

주제에 대한 이야기를 하기에 앞서 웃음 하나를 풀어놓은 후 주제를 이야기하고자 한다.

카톡에서 읽었던 기억이다. 태후라는 아이디를 가진 분께서 자신의 카톡에 올려놓았기에 독자여러분과 같이 웃어봄으로써 "이것도 하나의 힐링이라는 것이다."하고 나름으로 제안하고 싶어 그 분의 허락 없이 여기에 올려본다. 행여 남의 글 도둑질했다고 고소당할지 모르겠지만 카톡에서 바라보는 그분의 인품이 고소까지 하는 그런 분이 아닐 것 같아서 옮겨 놓을 뿐이다. 이것도 아마 인연이기에….

-라면과 참기름이 싸웠다. 얼마 후 라면이 경찰서에 잡혀갔다.

왜 잡혀갔을까? 참기름이 고소해서.

이윽고 참기름도 잡혀갔다.

왜 끌려갔을까, 라면이 다 불어서.

구경하던 김밥도 잡혀갔다. 왜? 말려들어서.

소식을 들은 아이스크림이 경찰서로 면회가다가 교통사고를 당했다. 왜? 차가 와서...

이 소식을 듣고 스프가 졸도했다. 왜? 국물이 쫄아서.
덩달아 계란도 잡혀갔다. 왜? 후라이 쳐서.
재수 없게 꽈배기도 걸려들었다. 왜? 일이 꼬여서.
아무 상관없는 식초도 모든 일을 망치고 말았다. 왜? 초 쳐서.
그런데 이 모든 일이 소금 때문이란다. 왜? 소금이 짠 거라서. -

위의 우스갯소리는 사람과 사람의 인간관계(인연)에서 발생할 수 있는 사항을 해학으로 꾸며 놓은 글이다. 인연이라는 관계가 형성되었기에 이런 사안도 발생 될 수 있다고 나름대로 정의해 본다.

2. 인연이란?

- 인연의 의미

인연에 대한 개념을 한번 설정해 본다. 먼저, 국어사전에 나와 있는 인연의 뜻은 '사람과 사람 사이의 연분 또는 사람이 상황이나 일, 사물과 맺어지는 관계' 로 정의하고 있다. 그리고 불교에서는 결과를 만드는 직접적인 원인인 인(因)과 간접적인 원인인 연(緣)을 아울러 이르는 말로 인연을 정의한다. 이러한 의미로 볼 때 인연은 관계라는 명제를 가지고 있고 그 관계는 직접적인 것은 물론 간접적인 것까지 모두를 포함한다고 본다.

우리는 흔히 인연 하면 악연, 선연 이런 말을 많이 사용하고 악연을 겪은 사람은 그 악연에 사로잡혀 자신의 파괴는 물론 주변에 까지도 피로감을 주는 행태를 가진다. 그리고 선연보다는 악연에 더 집착하고 원망의 척도에서 직접적인 원인인 인(因)보다는 간접적인 원인인 연(緣)에 원망의 순위를 높인다. 즉 자기 책임의 강도에서 볼 때 직접적인 원인이 간접적인 원인보다 더 크다는 인식으로 가급적 자기 책임을 숨기고 싶은 심리에서 자신도 모르게 간접적인 원인의 결과를 더 강조하게 된다. 그러나 성공적인 삶을 영위하고 자신의 목표가 뚜렷한 사람은 악연을 하나의 교훈으로 받아들이고 이 교훈은 성공의 자산이 된다. 그러기에 이런 사람은 인연을 관리하고 가꿀 줄 안다.

아름다운 인연일수록 소유하려 하지 않고 그 인연을 더불어 베풀 줄 알아야 한다. 또한, 악연은 그 악연에 마음 상하더라도 악연의 노예가 되지 않고 놓아줌으로써 아름다운 인연으로 가꾸는 여유를 가져야 할 것이다. 이렇게 하지 않으면 악연이 선연을 지배하여 마음의 상처에서 벗어나지 못한 삶이 되기 때문이다.

인연에 관한 나의 생각을 정리해 보면서 졸시 몇 편을 감상해 본다.

– 인연을 소재로 하는 시 감상

인연 / 이근모

나 너의 가슴으로 달려가 자리를 틀면
너는 나의 가슴 안으로 달려와
같이 자리 트는 그날
가시덤불이 될까 아니면
서로 짠한 상념에 사로잡힌 향기가 될까

오묘한 사슬에서 허덕이는 숨이여
바라노니 우리 인연
고독한 억겁의 수행이 되더라도
가시덤불도 그리움이 될 수 있는

아름다운 운명이길....

순간의 연속이 쌓이는 그날
각기 다른 순간 끝에서
찾아볼 수 있는 공통분모를 껴안고
이 가을 구르는 낙엽을 뒤집어 쓸 수 있는
너와 내가 하나 되는 흙이길 소망하나니

선도 악도 서로에게 존재했기에 맺어진 것
악연도 사랑하면 하나의 교훈으로
인생항로 황포돛배 같은 것
인연은 그렇게
젖은 서로의 눈물을 부둥켜안아 보는 일이다.

그저 걷는 것이다 / 이근모

어둠은 발톱을 쩍쩍 갈라놓는다.
그래도 우리는
발톱 밑에 배접(褙接)하고
오늘도 걷고 있다.
아직도 우리는
반짝이는 별의 꿈을 믿고 있으므로
저 창공의 무수한 어둠을
걷어 내고 있는 것이다, 우리는…
뭉개진 발톱에서 꼬락내가 게워나오는 것은

창공에 흩뿌려진 어둠의 냄새를
우리는 아직도 걷어내지 못했기 때문이다.
그저 걷는 것이다.
발톱의 순결을 믿기 때문에
어둠이 가시고 여명이 틀 때
찬란한 태양은
걷다 뭉개진 발가락 핥아줄 것이므로
그래, 걷는 것이다.
무수한 어둠이 뒤꿈치를 물어뜯고 있기에
우리는 뜯기지 않기 위해 그 어둠만큼
그저 걷는 것이다.

관계 / 이근모

밉지 않았기 때문이었어
너에게 이별을 고했던 것은.

정말로 네가 미웠다면
헤어지자는 말 하지 않았을 거야.
두고두고 너를 괴롭힐 수 있으니까.

그런데 너는 자꾸만 내를 붙들고
촌음을 아껴가며 내를 괴롭혔어.
그렇게도 내가 너에게 미운 존재였니?

비록 너는 나를 미워할망정
나는 너를 미워하지 않기로 했어.
그러기에 헤어지자 했던 거야.

언젠가 네가 죽도록 미워지면
그때 다시 만나기로 해.
그동안 미워하지 않았던 만큼
너를 미워해 줄 테니까.

오늘따라 유난히 눈물이 쓰다.

기다린다는 것 / 이근모

장미보다 아름다운 가시에서
삭풍이 불던 날에도
호박꽃보다 더 까슬까슬한 가시에서
훈풍이 불던 날에도
먼 산의 바람은 시큼한 욕정을 실어
밤꽃 향을 피웠지.
그때마다 비밀은
너와 나의 감정이 혼합된 표현의 예술일 뿐
고독을 적시어주는 외로움은
언제나 상존해 있었어.
그놈의 고독은 어둠과 몸을 섞을 때
더욱더 찬란하였고

이 찬란한 고독이 토해내는 눈물에
어느덧 가시가 한 뼘씩 자라 지뢰처럼 묻히고
지뢰밭을 터트리는 불꽃은 밤하늘을 수놓기에 바빴어.
기다린다는 것, 그것은 눈물이 새끼친
고독과 외로움의 투쟁 속에서 피워내는 꿈이었지.
기다린다는 것, 꿈을 키울 수 있어 좋았는데
지금은 기다림이라는 단어도 망각해 버린
꿈마저 사라져 버린 늙은 세월만 요란해.

감상한 4편의 시 중에서 인연을 주제로 한 직접적인 시는 '인연'과 '관계' 2편이라 할 수 있고 '그저 걷는 것이다.'와 '기다린다는 것' 2편의 시는 어떤 관점에서 보느냐에 따라 인연 주제와 관계가 없다고도 할 것이다. 그러나 인연을 가꾸는 데 있어서 '그저 걷는 것이다.'와 '기다린다는 것'과 같은 방법도 인연을 가꾸는 하나의 방법이라 생각되어 감상 시로 올려 보았다.

3. 맺음 말

우리는 인연으로 맺어진 대상을 바라볼 때 어떤 관점으로 보느냐에 따라 그 대상의 평가가 달라진다. 모든 것은 결과론적 측면에서 대상을 바라본다. 이 결과론적 측면의 해석을 또한 어떻게 하느냐에 따라 바라보는 눈도 달라진다.

우리 인간이 추구하는 최고의 가치는 행복이라 한다. 이 행복을 구비하는 요건에는 보통 3가지가 있다 한다. 자기의 특기를 살려서 이를 실현 하는 것. 자기의 취미를 활용해서 이를 즐기는 것. 위의 두 가지 요건과 관련된 직업을 가지고 삶을 영위 할 때 최상의 행복을 가진다고 한다.

이러한 의미를 새겨 볼 때 우리는 인연으로 맺어진 대상을 바라보는 관점에서 자신도 행복하고 상대방도 행복해지는 그런 측면으로 바라보고 생각해야 할 것이다. 또한, 악연도 선연도 자신에게 존재했기에 맺어 진다는 위의 〈인연〉시처럼 자기 책임의 인연으로 하여 그 인연을 가꿀 줄 알아야 할 것이다.

이렇게 인연을 가꾸다 보면 어느 사이에 자신을 비롯한 주변에 행복이 스며들고 있음을 자각하게 된다.

행복과 관련한 명언을 소개하면서 독자의 마음에 조금이나마 행복하기를 바라는 마음을 전하면서 본 주제의 칼럼을 마친다.

"행복은 셀프(Self)다."

행복은 누가 주는 것이 아니고 자신이 만드는 것이다.

"양식은 저장할 수 있으나 행복은 저장할 수 없다."

모든 소멸과 생성은 반복한다. 그러므로 행복은 늘 만들고 가꾸어야 한다.

번뇌의 총량 법칙

1. 여는 말
2. 번뇌를 달래주는 시
3. 맺음 말
   - 감정을 묘사할 줄 알라.

번뇌의 총량 법칙

1. 여는 말

모든 사람의 인생에는 번뇌의 총량의 법칙이 있다. 우주를 주관하시는 절대자께서 크게 쓰이고자 하는 사람일수록 번뇌의 총량을 많이 준다고 한다.

실존은 본질에 앞서서 태어난 인간이라 하지만 일단 태어나서부터는 인간의 삶은 본질 지향이 되는 것이라고 본다. 이 본질 지향의 길을 걸으면서 인간관계를 맺는 사회생활을 하다 보면 무수한 사람으로부터 상처를 받을 수 있다.

이럴 때 우리는 한 사람이 자신의 인생에서 겪을 수 있는 번뇌는 총량이 정해져 있다는 이론으로 접근하여 스스로를 위로하는 지혜를 터득해야 할 것이다. 어떤 상황에서 자기를 힘들게 하는 사람이 있으면 그 사람이 나를 힘들게 하려고 하는 것이 아니고, 내 번뇌의 총량을 채우기 위해 그러는 것이다 하고 생각하면 모든 일이 순조롭게 풀려나가게 되기 마련이다.

번뇌의 총량이 있다는 것은 번뇌를 담아야 할 그릇의 크기가 사람마다 다른데 번뇌를 담아 갈수록 번뇌를 채워야 할 공간이 좁아지므로 번뇌를 겪고 나면 나중에 겪게 되는 번뇌는 줄어들고 이 번뇌를 통하여 얻어진 철학은 인간관계에서 역지사지(易地思之)로 발전되어 성공한 인간관계를 형성할 뿐만 아니라 주변으로부터 크게 쓰임을 받기 때문에 절대자께서 사람의 쓰임에 따라 번뇌를 담아야 할 그릇의 크기를 달리 주셨으니 인간관계에서 고통받는 자신의 번뇌가 클수록 신으로부터 선택받았음을 알아야 할 것이다.

이렇게 자신을 스스로 위로하기 위하여 우리는 조용한 생각에 잠기는 경우가 있는데 이 조용한 생각에 젖게 해주는 것이 시라고 본다.
시의 감상을 통하여 자신의 처지를 돌이켜 보며 다짐을 하기 때문이다. 이런 의미와 관련한 나의 졸시를 소개해 본다.

2. 번뇌를 달래주는 시

예순의 구색(具色) / 이근모

구색이란 참으로 곤혹한 치장이다.
구색을 갖추지 못한 치장이
아름다움과 진실의 가장자리쯤에서 배회를 하면
두런두런 화려한 꽃들의 수다가 계속된다.
그러다 헛디딘 수다 한 발자국이
바람을 타고 민들레 홀씨처럼 날아가
수 없는 발자국을 남기면
구색은 그만 그늘진 구석으로 등을 웅크린다.
곤혹한 치장이 곤욕한 치장으로

얼굴이 붉어지는 노을이야말로
달력 안에 새겨 두었던 가지가지 구색들이
여태껏 살아온 생에 먹구름을 칠하고
한바탕 폭우를 쏟아 붓게 한다.
폭우 그치고 햇살 한 줌 빠끔히
얼굴 내밀어도 까다로운 구색은
주름살에 가둬두었던 넋두리를
썬팅 하듯 메울 뿐이다.
어차피 구색이란
삶의 가장자리를 배회하는 매무새일 뿐이다.
진실의 탈출일 뿐이다.
구색 찾아 60리를 걸어온 생이
또 얼마만큼 걸어야 할지
미지수에 걸어둔 구색이 히죽히죽 웃고 있다.

떠나는 가을 / 이근모

찬서리 맞으며 피어나는 국화 향기
코끝에서 피어나는 하얀 김도 그 향기다
가을은
저만치 가네
가을남자 아쉽게도

가신님 보내면서 오신님을 마중하나
가신님은 그리웁고 오신님은 매섭네

무심코
떠나보낸 임
애달프고 그립다

드높은 저 하늘에 그려놓은 임의 얼굴
구름이 흘러가며 시야를 흐려놓아
잡으려
손 내밀으니
찬바람만 몰아치네.

노을은 저리도 붉은데 / 이근모

일몰을 찬란하게 마감하는 몸부림아
종국엔 사라지는 흔적없는 모습인 걸
능선을 휘감고 도는 통곡인양 하누나

흔들어 깨워보는 마음고요 울고나면
머나먼 염원하나 가슴을 씻어준다
흘러간
버거운 행장
무거웠던 삶이기에

무엇을 못다 했나 저녁까지 타는 눈물
노을빛 저렇게도 붉은 물로 우는 것은
새벽녘 떠있는 눈썹 달래려는 음색이다.

이별은 상처를 치유한다 / 이근모

너로 인한 통증이 눈보라로 휘날리며
한여름 땡볕에도 녹을 줄 모르더니
한겨울
거친 바람에
더욱 꽁꽁 얼었다.

아쉬운 우리 언어 여운만 남겨두고
침묵 속 진실 안에 고하는 작별 인사
떨어진
살점살점이
유난히도 검붉다.

언제쯤 풀리려나 그대가 준 모진 통증
통증을 장사지낼 화장터 찾아보니
우주 안
태양로만이
이 통증을 태우겠다.

가슴에 묻은 한이 상처로 아파와도
말없이 보내야만 진정될 이별 노래
끝내는
복받친 설움에
멍든 눈물 삼킨다.

매화의 꽃말 (II) / 이근모

매화의 결백이 피워낸 가슴앓이
젖몽오리 곱게도 흐드러진 울음은
꿀벌이 찾기도 전에 낚아 채인 아픔이다.

고향집 고갯마루 겨울 넋 앓는 소리
봄비가 데리고 온 벌거벗은 영혼에게
아픔을 풀어헤쳐서 설빔으로 감싼다.

설 자리 앉을 자리 상실하고 나서부터
극단적 선택의 길 뉘라서 알까 만은
스스로 지키지 못한 권위라는 자존감.

매화나무 가지가지 접붙이는 그 심정
알아줄 이 없건 만은 백의종군 같은 마음
그만큼 지울 수 없는 매화뿌리 눈물이여.

꿈꾸는 언덕마다 벌건 불 넘실대고
고공을 올라타고 내려다본 탯자리엔
낭자한 선혈 흔적이 매화처럼 하얗다.

이차돈 순교의 피 매화꽃 결백의 피
바라본 차원들이 서로가 다르지만
진실은 하나라는 걸 알리고픈 최후 행위.

나그네 길떠나듯 세상을 유람하는
여유로운 시간 아닌 찰나의 순간으로
부엉이 바위 위에서 지난 나를 바라본다.

백양사 단풍 / 이근모

흔적을 불사른다
피멍으로 불사른다.
미움도 원망도
가슴 채우는 사치였을 뿐.
비우는 가슴에서
타들어가는 붉은 흔적
이승을 먹어치운다.

산비알 적막 속에
오욕 진애 맑게 씻고
앉아 있는 사대[1)]

중생의 염원 등에 업고
단풍처럼 나부끼면
저만치 부처님 웃음이
댕그랑 댕 풍경 소리와
어깨동무하고 걸어 나온다.

---

1) 사대[四大] 흙(地), 물(水), 불(火), 바람(風)의 네 가지 원소를 일컫는다.
이 넷은 만물에 두루 퍼져 있으므로 四大라 하고, 만물을 낳는 원소이므로 대종이라고도 한다. 사대는 부처님 당시 거의 모든 종교와 사상에 영향을 주었다.

이상 5편의 졸시를 소개 하면서 이 다섯 편 중, 맨 처음과 맨 끝에 소개한 것은 자유시이고 두 번째, 세 번째, 네 번째 소개 글은 시조 시다.

어떤 번뇌 속에서 그 번뇌를 보듬어 줄 수 있는 시 인지는 내 자신도 의문이지만 조금이나마 번뇌 속에 있는 사람이라면 지푸라기도 잡는 마음에서 다소나마 위안을 받을 수 있으리라는 생각으로 소개하는 것이니 주제에 맞는 시다 아니다를 논하기에 앞서 독자 여러분의 너그러운 이해가 있기를 바라면서 소개한 시의 체언을 마친다.

3. 맺음 말

– 감정을 묘사할 줄 알라.

인터넷 여행을 하면서 안도현 시인의 「시와 연애하는 법」을 읽은 기억이 난다. 그 글 가운데 시 창작에 있어 감정을 다루는 방법으로 감정을 묘사하는 법을 기술해 놓았는데 이의 내용을 번뇌와 연관지어 나름대로 재구성하여 여기에 소개해 본다.

우리 인간은 번뇌에 갇혀있다 보면 시를 창작함에 있어 감정을 묘사하는 것이 아니라 감정을 쏟아 붓는 것으로 안다. 그러나 이는 시 작법에서 가장 경계해야 할 일이다. 자칫 잘못하면 번뇌에 사로잡혀 쓴 시는 고백적으로 써야 하는 줄 알고 너무 과장된 시어들의 나열로 혼자만이 괴로운 척, 하는 우를 범할 수 있고 자신만이 번뇌를 짊어진 양, 감상적 시어를 사용하면서 유식한 척 철학적이거나 종교적이고 사상적인 것을 들먹여 독자로 하여금 진정한 번뇌의 의미를 느끼지 못하게 할 뿐 아니라 그 시에서는 위로도 받지 못한다.

그러기에 이러한 시를 쓰는 시인은 자신이 감정을 쏟아내지 않고 사물이 대신 이야기 해 주는 감정의 묘사를 쓰는데 유념해야 할 것이다. 즉, 번뇌를 소재로 하는 시를 쓰는 시인은 감정을 말하는 사람이 아닌 사물이 말하는 것을 받아 적어 이를 묘사 해야 한다는 것이다. 묘사란 감정을 객관적이고 구체적인 언어로 그려내는 것이다. 이렇게 묘사한 언어가 독자의 머릿속에 어떤 그림을 그리게 되는 바, 이를 이미지라 한다. 번뇌를 위로하는 시 창작에 있어서도 번뇌를 이미지화 하는 시 창작을 함으로써 번뇌를 아우러 주는 좋은 시가 되리라 본다.

번뇌를 위로받고자 번뇌를 달래고자 시를 쓰는 시인이나 시를 감상하는 독자나 감정을 쏟아 붓는 글을 쓰거나 접하지 말고, 감정을 묘사해서 이미지화한 글을 쓰거나 접하라는 주문과 함께 본 주제에 대한 이야기를 마치면서 번뇌를 잊는 유머 하나 얹어 놓을까 한다.

가장 비싼 뇌

어떤 이의 아내가 교통사고를 당해 뇌에 손상을 입었다.
당장 이식을 하지 않으면 생명이 위험할 정도였다.
의사는 환자 남편에게 말했다.

"대학교수의 뇌가 있습니다. 한데 천만 원입니다."
"그게 제일 좋은 건가요?"

"아뇨, 제일 좋은 뇌는 국회의원의 뇌입니다."
"비싼 이유가 뭡니까?"

"거의 사용하지 않은 것이라 새것이나 마찬가지입니다."

플라토닉 러브(Platonic Love)는 모두를 감싼다.

1. 여는 말
   - 플라토닉의 의미
   - 인생의 스승은 시간
   - 다윗 왕과 솔로몬 왕의 일화
2. 주제와 관련한 시 감상
3. 맺음 말
   - 이데아와 감성

플라토닉 러브(Platonic Love)는 모두를 감싼다.

1. 여는 말

우주를 관장하는 것이 주님의 말씀인 성경이듯 인간관계를 사색하며 행동하는 것이 철학이라 한다.

철학은 모든 학문을 아우르는 최상의 레벨이다. 철학의 아버지라 하는 소크라테스의 제자 플라톤이 경험적 사실을 초월한 관념철학 이론을 펼치면서 이데아란 용어를 사용했다. 인간은 쾌락을 추구함에 있어 육체와 정신이 하나 될 때 완벽한 즐거움이라 하지만 이데아는 그 이상을 뛰어 넘은 고차원의 정신세계로 육체의 욕망을 초월한, 육체의 쾌락을 뛰어 넘는 정신세계를 의미한다. 흔히 말하는 정신적인 사랑이라 할 때 이의 이데아 세계를 의미하며 플라톤 사상, 플라톤 철학 이론의 플라토니즘(Platonism)에 의하여 정신적 사랑을 플라토닉 러브(Platonic Love)라 한다.

또한, 플라토닉은 플라스틱(Plastic)에서 차용되어온 말로 플라스틱은 단단하고 고정된 형체이지만 열을 가하면 말랑말랑해지고 부드러워지고 여러모양으로 변형이 가능하므로 이데아 세계에선 무한한 사고가 이루어진다는 의미에서 플라스틱의 어휘를 따왔다는 설도 있다.

이렇듯 플라토닉은 고정관념에서 벗어난 정신세계로 정신적 사랑은 믿음을 수반한다. 믿음은 또한 상호 존경을 의미하기도 한다.

믿음과 존경이 없을 때 진정한 사랑은 존재하지 않는다. 불신을 당했던 시간들, 그리고 존경받지 못했던 기억들, 이 모든 것을 지우는 데는 많은 시간이 소요된다. 그리고 이러한 것을 지우지 못하고 연연해 하다 보면 초라해지기 마련이다. 초라함을 극복하고 마음을 다스리는 데는 이데아의 세계에 몰입함으로써 이루어낼 수 있다. 그리고 이 이데아의 세계는 말없이 흐르는 시간 안에서 존재한다.

언젠가 인터넷 여행 중에 접했던 '나의 인생의 스승은 시간이다'라는 글귀가 무척 마음에 와 닿아 그 글귀의 기억을 되살려 보며 나름의 생각을 가미하여 시적 운율로 재작성하여 소개해 볼까 한다.

이 글을 쓰신 분이 누구인지 모르지만 그분의 양해를 구하면서….

나의 스승 시간

언제나
나를 가르치는 건
말없이 흐르는 시간이었다,

풀리지 않는 일에 대한 정답도
흐르는 시간 속에서 찾게 되었고
이해하기 어려운 사랑의 메시지도
거짓 없는 시간을 통해서 찾았다

언제부터인가 흐르는 시간을 통해서
삶의 정답을 찾아가고 있다

시간은 나에게 스승이다
어제의 시간은 오늘의 스승이었고
오늘의 시간은 내일의 스승이 될 것이다

가장 낭비하는 시간은 방황하는 시간이고
가장 교만한 시간은 남을 깔보는 시간이고
가장 자유로운 시간은 규칙적인 시간이고
가장 통쾌한 시간은 승리하는 시간이고

가장 지루한 시간은 기다리는 시간이고
가장 서운한 시간은 이별하는 시간이고
가장 겸손한 시간은 자기 분수에 맞게 행동하는 시간이고
가장 비굴한 시간은 자기변명을 늘어놓는 시간이고

가장 불쌍한 시간은 구걸하는 시간이고
가장 가치 있는 시간은 최선을 다한 시간이고
가장 현명한 시간은 위기를 슬기롭게 극복한 시간이고
가장 분한 시간은 모욕을 당한 시간이다.

다윗 왕과 솔로몬 왕의 일화에서도 시간에 대한 이야기가 나온다. 그 일화를 소개해 보면 다윗 왕이 기쁜 일이 생겨 웃음을 웃다 보니 한없이 웃음이 나오면서 멈추지를 않았다. 웃음을 멈춰야 하는데 웃음은 멈춰지지를 않아 생각다 못한 다윗 왕은 반지 세공사를 불러 자신의 웃음을 멈추게 할 명언을 반지에 새겨오도록 명령을 하고 만약 그렇게 하지 못할 경우 목숨을 빼앗겠다고 했다.

반지 세공만 할 줄 아는 이 세공사는 다윗 왕이 요구하는 명언을

생각해 낼 방법이 없자 마침 모든 어려움을 잘 풀어 주는 지혜의 왕 솔로몬 왕을 찾아가 자신의 걱정을 털어놓자 솔로몬 왕이 반지 세공사에게 일러준 명언은 "지금 이 시간은 지나가리라"이었다.

이 명언을 새긴 반지를 받아 쥔 다윗 왕은 반지에 새긴 글귀를 읽고 크게 깨달은 바가 있었을 뿐 아니라 그 깨달음으로 인하여 웃음을 멈출 수 있었다 한다. 아무리 기쁜 일도 아무리 슬픈 일도 영원하지는 않는다는 것이다. 그 일이 존재한 바로 그 시간 안에서의 일일 뿐 그 시간은 바로 지나가니 슬픔도 기쁨도 거기에 얽매지 말고 스스로를 치유 할 줄 알아야 할 것이다.

2. 주제와 관련한 시 감상

여는 말에서 프라토닉 러브에 관한 나의 소고를 밝힌 바 있다. 이러한 주제와 관련된 글인지 의문이지만 시 몇 편을 소개하여 감상한 후 체언을 더할까 한다.

돌덩이 눈물 / 이근모

억장 무너지는 소리가
가슴에 쌓일 때마다
각기 다른 모습의 돌덩어리가
부싯돌 갈듯 뒹굽니다.

그때마다 나는 돌덩이 뒹구는 소리에
가만히 귀기울이고
수도승 자세로 가부좌를 틉니다.

고독을 또아리 치는
마음속 소용돌이 물결은
단단한 돌덩이들을 씻습니다.

그 돌들이 물결에 잠길 때마다
물결무늬 같은 선들이
하나씩 새겨집니다.

새겨진 무늬 빗살처럼 얽힌 억장을
옹기를 굽는 장인의 마음으로
수천 도의 가마 안에
무늬를 가만가만 녹여봅니다.

그리하여 다시
하얀 재 돼버린 억장 안에
새싹을 틔우는 그날은
내 안의 눈물이 됩니다.

사랑은 소유물이 아니다. 이해와 배려 속에 감싸는 것 이다. 그러나 흔히 사랑을 소유물로 착각하고 그 사랑을 자기만이 가져야 하고 상대에 대한 이해와 배려는 망각한 채 쾌락만을 추구하는 언행과 함께 불신과 의심으로 상대를 괴롭히고 괴롭힘을 당할 때가 있다. 이러할 때 그 심정 안으로 들어가 가슴에 얹어진 돌덩이를 녹이는 것도 큰 위안이 되리라 본다.

허상의 탑 / 이근모

동백꽃 눈밭 아래로 목을 떨구고 있다
목을 맨 동백꽃 사연이 궁금한지
어디선가 동박새 날아와
피 흘린 동백꽃 씨앗을 쫀다.

쪼는 모습 바라보며
내가 나를 부양하는 허공에
아른거리는 탑에는 별도 없고 달도 없다.

무영탑 맨 위에
누군가 뱉어놓은 말씀을 물컹물컹 씹는
바람 우는 소리가 숨어 있다.

그때마다 나는 허공을 본다
흔적 없는 내가 허공에 얹혀 있고
별똥 떨어지는 새벽녘
발가벗은 내가 여명을 부르며 울고 있다.

밤새 사랑한다 속삭이던 바람
날이 새자 떠나고
타오르다 스러지는 관절마다
바람은 허상으로 피웠다가 지고 있었다.

동박새 어디론가 훌훌 떠나고….

먼저, 중국의 시인 아이칭(艾靑)이 그의 〈시론〉에서 한 말을 음미해 본다.

– 시를 창작함에 있어

"제재를 완전히 장악해야 비로소 예술세계의 통치영역을 확대하게 된다. 무릇 당신이 눈동자로 본 것, 귀로 들은 모든 것을 빠짐없이 당신의 사상체계 속에 잘 짜 두어서, 언제 떨어질지 모르는 명령에 대기하고 있어야 한다. 당신의 감각과 사유가 한 제재로부터 습격을 당할 때, 한바탕의 격투를 치르게 하라. 그 제재가 완전히 굴복할 때까지 싸움을 계속하게 하라."

왜 아이칭의 시론 내용을 여기에 소개하는 것일까? 플라토닉 러브라 해서 꼭 남녀 간의 사랑을 나타내는 것이고 연시 형식의 시라야 한다는 것은 억지소리다.

사람과 사람이 연을 맺고 살고 있는 현실에서 이웃을 사랑하라는 말처럼 우주 아래 모든 사물과의 교감까지 포함하는 범주가 프라토닉 러브인 것이라고 나의 소견을 피력해 본다. 하여, 프라토닉 러브를 제재로 하는 시 창작에도 아이칭의 시론과 같은 자세로 임해야 한다고 보기 때문이다. 위에 소개한 〈허상의 탑〉 역시 이런 메타포를 담고 자신의 삶과의 투쟁을 이데아적 세계로 승화시켜 보고자 노래한 시다.

사랑의 분열 / 이근모

세포가 분열할 때 쾌락이 없다면
분열하지 않는다.

믿음을 전제하지 않는 사랑의 세포도
쾌락만을 추구하다 극에 달하면
분열이 시작된다.

사랑의 틈을 비집는
세포가 내뱉은 불신마다
쾌락은 극으로 달리고
분열은 또 하나의 분열을 낳는다.

쾌락의 사전에는 믿음이란 단어가 없다.
육신의 노예만이 쾌락을 떠받치고
영혼의 노래는 사랑의 교과서에만 있다.

분열은 둘이 되는 것, 이별이 되는 것
분열은 분열을 견디게 하고
이별은 이별을 견디게 하고
사랑은 사랑을 견디게 하며
아픔이라는 단어를 만들어 낸다.

사랑이 분열하다
가슴이 마음에 말을 걸 때
비로소 분열은 멈추고
사랑과 이별은 눈물로 만나
늘 슬픔에 젖어 운다.

본 주제의 여는 말에서 밝혔듯이 믿음 없이 프라토닉 러브가 이루어질 수 없다. 또한, 이 프라토닉 러브는 가슴과 가슴의 대화이어야 한다. 이러한 메시지를 전하고자 〈사랑의 분열〉 이라는 제재로 시를 썼다.

소개한 시 3편은 나의 미발표 제5시집 가칭〈먼지 낀 숨결의 진술서〉에 편집되어 있는 시다.

"플라토닉 러브(Platonic Love)는 모두를 감싼다."의 주제에 맞는 시인지는 독자 여러분의 판단에 맡긴다.

3. 맺음 말

시에 있어 독자의 마음을 울리는 것이 감성이다. 그래서인지 일부 문학을 이야기한답시고 하는 사람들은 '시는 감성으로 쓴다' 는 말을 하곤 한다. 또 '나이가 들면 감성이 무뎌진다.' 라는 말을 하는 사람도 있다. 그러나 이 말은 시에 대한 이해를 못 한 사람들의 헛소리라고 감히 나는 말한다.

이데아의 세계는 감성의 세계와는 어쩌면 반대되는 개념이다. 그러면서도 프라토닉 러브는 감성을 자극한다. 이는 이데아의 세계에도 감성이 존재하고 이 감성이 이데아 세계의 철학을 가꾼다고 본다.

하여 나는, 시는 이데아의 세계에서 이성으로 쓰고 감성으로 다가가는 것이다. 그리고 나이가 들면 그간의 삶에서 터득한 교훈에서 이성과 감성이 숙성되어 한 차원 높은 이데아의 세계에 접근하고 절제할 줄 아는 감성의 소유자가 되는 것이라고 말하고 싶다.

이렇게 될 때 사랑은 모두를 감싼다는 의미로 새겨지고 이 의미를 플라토닉 러브(Platonic Love)로 나는 정의해 본다. 그러나 우리 인간은 과연 이 플라토닉 러브(Platonic Love)가 가능할까에 대하여는 독자들의 생각에 맡기고 우리는 가능한 한 그렇게 되도록 생각을 가져야 할 것으로 본다.

이상 본 주제의 이야기를 마치면서 주제와 관련이 있는지는 모르겠으나 어디선가 읽어 보았던 사랑, 운명, 인연에 관해 한 번 더 생각을 해보게 하는 글이 있어 이를 소개하여 본다.

1.

남자는 여자가 궁금하고, 여자는 남자가 궁금하다. 연애라는 것은 어쩌면 이 못말리는 궁금증으로 시작되는 것인지도 모르겠다. 처음엔 그 사람의 이름이 궁금하고 다음엔 밥은 먹었는지가 궁금하고 점점 그 사람의 과거가 궁금하고 현재가 궁금하고, 미래가 궁금해진다.

모기에 잘 물리는지 궁금해져서 여름까지 못 헤어지겠고, 자는 모습이 궁금해서 함께 잘 수도 있고, 늙어가는 모습이 궁금해서 결혼을 할 수도 있을 것이다. 이렇게 누군가를 좋아하게 되면, 배고프다는 단순한 말조차 508가지의 의미가 응축된 빙산의 일각으로 CSI도 분석 못 할 FBI도 풀 수 없는 암호가 되어버린다.

2.

사랑, 말할 수 있을 때, 그 이름 하나로 모든 것을 지켜줄 수 있을 때, 내 전부를 줄 만큼 간절하게 사랑할 것. 〈Health Talk's 소소한 이야기〉에서

패러디에서 얻는 기쁨

1. 여는 말
   - 패러디의 개념
2. 패러디 기법을 활용한 시 감상
3. 맺는 말

패러디에서 얻는 기쁨

1. 여는 말

- 패러디의 개념

우리는 살아가면서 흔히 삶이라는 단어를 많이 사용한다. 특히 세상사가 고단하게 느껴질 때 왠지 사회 현상에서 일반적 가치관과 괴리를 느끼고 쓸쓸한 마음이 걷잡을 수 없을 때 패러디를 통하여 삶을 치유해 나간다.

패러디를 구현함에 있어서 음악으로, 그림으로, 무용으로, 연극으로 등 여러 가지 예술을 통하여 표현을 하는데 이를 문학으로도 표현하여 사회상을 풍자하거나 고된 주변을 정화하고 치유해 나간다.

이런 의미에서 먼저 패러디에 대한 개념 파악을 명확히 하고 나서 이야기를 전개하고자 한다.

parody라는 개념 파악을 위해 먼저 국어사전에 실린 의미를 새겨보면 '전통적인 사상이나 관념, 특정 작가의 문체를 모방하여 익살스럽게 변형하거나 개작하는 수법 또는 그렇게 쓴 작품' 이라고 정의하고 있으나, 패러디하면 흔히 '당대 가치관의 허위를 풍자하고 폭로하는 방법으로 쓰이는 것' 을 의미한다.

패러디 작품이 자칫 잘못하면 표절이라는 것으로 다툼이 발생할 수도 있는데 그 개념을 명확히 파악하고 나면 패러디와 표절은 확연히 구별되는 것이다. 이와 유사한 언어로 패스티시(pastiche)라는 용어가 있는데 이는 '기존의 작품을 차용하거나 모방하는 기법'으로 패러디와 유사한 기법이지만 풍자나 희극적인 요소가 배제되어 있다는 점에서 패러디와 다르고 표절 쪽에 가깝다고 할 것이다.

그러하기에 패러디 작품을 대하면 우리는 그 작품 안에서 웃음을 찾고 그 웃음 안에서 해학의 이치와 아울러 나름의 가치관을 찾고 정립한다고 할 수 있기에 이 패러디 작품 역시 우리의 삶을 치유하는 효과가 있다고 본다.

2. 패러디 기법을 활용한 시 감상

우리는 와이담에서도 패러디기법이 차용되는 경우가 종종 있는데 이런 와이담을 가지고 나름대로 재구성한 패러디 시 몇 편을 소개하면서 첨언을 할까 한다.

선거 / 이근모

홀딱 벗고
홀딱 벗고

공부는 하지 않고 게으름만 피우다
입적한 스님들이 환생한 전설의 새
오늘도 홀딱벗고새 온종일 울어옌다.

홀딱 벗고
홀딱 벗고

이리 봐도 저리 봐도
벗은 노~ㅁ 하나 없고
감추고 또 감추며
모사꾼들 쑥덕거린다.

나는 아직 죽지 않았어도
게으름이 많아서 공부하지 않았어도
감추고 감출 것이 없어
홀딱 벗고 홀딱 벗고
초등학생 구구단을
이제야 외우고 있다.

삼육 십팔, 육삼 십팔
여기저기 요란한 건 십팔 소리뿐이네
같이 한몫 끼자고
이구 십팔, 구이 십팔도
북 장구 치면서 호들갑 떨고 있네.

로맨스 불륜 보고
소리 높여 삼육 십팔 이구 십팔
불륜도 로멘스 보고
목청껏 육삼 십팔 구이 십팔

홀딱 벗고
홀딱 벗고
삼육, 이구 십팔이면

육삼, 구이도 십팔이지
육삼, 구이 십팔이면
삼육, 이구도 십팔이지

홀딱 벗고
홀딱 벗고
벗으면 로맨스
감추면 불륜

홀딱 벗고 아니지
홀라당 벗고 아니지
벗으면 불륜
감추면 로맨스

홀딱 벗고 홀딱 벗고
티비 속에서도
신문지 속에서도
인터넷 안에서도
시시때때 메아리치는
홀딱벗고새 소리

주민 여러분
홀딱 벗읍시다 잉~
내 조또 십팔
홀라당 벗고 잉~.

어메

삼육도 이구도 육삼도 구이도
외면을 해도
거시기 갖다 붙이니 말씀이 되시네
안 그렇소 잉~.

푸쉬킨의 명퇴 / 이근모

1.
무릉도원에도 명퇴 바람이 분다.
옥황상제 염라대왕에게 명퇴를 하라 한다.
염라대왕은 억울했다.
그 모든 건 바로 한국인들 때문이기에.

연예인 따라잡기로 성형한 한국인들
모두 비슷하게 생겨,
나이 먹어 눈이 침침해진 염라대왕
천당 갈 사람 지옥으로
지옥 보낼 사람 천당으로
잘못 보낸 죄로.

게다가 지옥으로 보낸 한국인들은
찜질방으로 단련된 체력을 바탕으로
오히려 지옥생활을 더 즐기고 있었다.

오늘도 지옥에서 들려오는

염라대왕을 좌절케 하는 이 한마디
-애들아, 유황불 나왔다, 들어가자.-

2.
지옥에 한국인 구경꾼들 몰려들었으나
뜨거운 지옥불은 어디에도 보이지 않았다.
-염라대왕님, 지옥 불구덩이들이 안 보이는데요?-
-니들 한국인들 찜질방 때문에
더 이상 지옥불이 형벌로서의 의미가 없어졌어.
어째서, 불구덩이에 던져 넣으면, 어, 시원하다
하고 콧노래를 부르냐?-

3.
-그럼, 지옥에선 이제 뭘로 벌을 주나요?-
-걱정하지 마, 요즘 니들 벌주기 위해
새로운 병기로 체중계를 들여 놓았으니까.-
-이걸로 어떻게 벌을 주죠?-
-니들은 여기에만 올라서면
비명을 지르며 머리를 쥐어뜯고 괴로워하잖아-
-괴로움만큼 더 큰 벌은 없지.-

4.
웰빙이 그대들을 속이더라도
슬퍼하거나 노하거나 괴로워 마라.
슬픔도 노여움도 괴로움도
개똥밭에 뒹구는 한 줌 바람보다 나으리니.

이 삿갓 방랑기 / 이근모

나에게는 오직 하나님밖에 없어
하나님이 아닌 그 어떤 성현도 다 사탄인거여
부처님 좋아하시네
잿밥에 공들이는 스님이 어디 스님이당가?
나는 말일세, 앞으로 5년간 찬송가만 부르면서
미쳐 날뛰는 소 같은 놈 있다면 정신 말짱하게 해줄 것이고,
외로움에 홀로 울며불며 지내는 섬 가시나들은 분수를 모르닝께
키 짤딱한 놈만 골라서 다 그리 시집 보내 버릴 거여.
(5년후)
워메, 난 하나님만 알고 찬송가 열심히 불렀는데 하나님은
왜 날 발로 차버린다냐!
에라 모르것다 찬송가가 날 버렸으니
세상이나 유람하며 독경이나 해볼까.
그란디 하나님께 버림받고 와서 독경한다고
스님들이 가만 놔둘런지 모르것네.
가만있자, 저 절 이름이 머다냐?
'아뿔사(寺)' 라고?
그래 주지 스님 뵙고 배움 한번 청해 볼까
주지스님 저는요 이 삿갓이라 하는데요 스님 법명은요?
'조루대사' 라 하오
머시라고라고요?
이래 봐도 내가요~, 찬송가 부를 때 너무 급하게 불러댄다고
촛불이 나를 태우려고 달려들었는데 여기서도 또 조루라고요?
에잉 안 되겠네 다른 절 찾아봐야겠네.

옳지, 저기 절이 있네. 저 절 이름은 머다냐.
혼외정사(寺)' 라고? 그래 저 절에서는 큰 깨우침 주시겠지.
주지 스님 깨우침 받고자 이 삿갓 인사드립니다.
어서 오시오 이 삿갓, '불륜대사' 라 하오.
아이고, 고고고, 남남북녀 이쁜 마누라 나 몰라라 팽개치고
양장한 계집, 기모노 걸친 계집하고만 랑데부하다
패가망신하여 이렇듯 방랑하는데
그게 또 머다요. 안 되겠어 이절도...
그래, 저기도 절이 있네.
저 절은 정말로 내가 찾는 절일 거여.
'복상사(寺)' 란 절이네.
어메, 왜 갑자기 몸이 실실 떨린다냐.
스님, 스님, 주지스님.
그래 내가 이 절의 주지 '절정대사' 요, 누가 날 찾소?
아니, 절정대사라니...
잃어버린 10년 되찾는 열정을 절정으로 이루려다
유한 마담만 호강시켜주고 나는 쪽박 차고 이렇게 떠도는데,
안 되겠어 이 절도, 다른 절 찾아야겠네.
응, 응, 저기 저, 저 절은 내가 찾는 절일 거야.
유랑 생활 끝내고 이곳에 안주해야겠어.
'두봉사(寺)' 라... 거 이름 한번 맘에 드네.
스님, 주지 스님 이 삿갓 배움을 청합니다.
어서 오시오 이 삿갓, 기다리고 있었오.
나는 '유두대사' 라 하는데 속세 사람들은 나를
'빨대스님' 이라고 부르오.
아~, 아~, 그러하옵니까? 제대로 찾아왔네

평생을 이곳에서 치마폭에 휩싸여
젖소 부인 머시기 빨며 독경을 하오리다.
아미, 아미타불.

오~ 향불로 피어나는 짚세기 꼬락내여.

이상 세 편의 시는 와이담을 시적 운율로 살을 붙여 재구성했을 뿐이다. 그 당시의 사회상을 풍자한 것이기에 가급적 자칫하면 정치적, 또는 종교적 측면에서 오해도 불러일으킬 수 있으나 이런 와이담이 사회를 이끌어가는 지도층에겐 새겨들어야 할 메시지고 그런 사회에서 고통을 견디고 있는 사람에겐 위안 또는 위로가 되는 메시지가 될 수 있다는 나름의 생각을 정리하면서 '패러디에서 얻는 기쁨' 이라는 주제로 이글을 작성하였다는 것을 밝힌다.

다음은 주제와는 거리가 있으나 패러디라는 개념 파악을 하는데 좀 더 도움이 되리라 생각되어 러시아의 대문호 투르게네프의 「거지」라는 시와 이를 패러디한 나의 졸시 「투르게네프 사거리」라는 시를 같이 소개해 본다.

거지 / 투르게네프

거리를 걷고 있노라니…
늙어 빠진 거지 하나가 나의 발길을 멈추게 한다.
눈물어린 충혈된 눈, 파리한 입술, 털복숭아 누더기 옷, 더러운 상처…
오오, 가난은 어쩌면 이다지도 처참히 이 불행한 인간을 갉아먹는 것일까!
그는 빨갛게 부푼 더러운 손을 나에게 내밀었다…
그는 신음하듯 중얼거리듯 동냥을 청한다.

나는 호주머니란 호주머니를 모조리 뒤지기 시작했다…
지갑도 없다, 시계도 없다, 손수건마저 없다…
나는 아무것도 가진 것이 없다.
그러나 거지는 기다리고 있다…
나에게 내민 그 손은 힘없이 흔들리며 떨리고 있다.
당황한 나머지 어찌할 줄을 몰라,
나는 힘없이 떨고 있는 그 더러운 손을 덥석 움켜잡았다.
「용서하시오, 형제, 아무것도 가진 것이 없구려」
거지는 충혈된 두 눈으로 물끄러미 나를 바라보았다.
그의 파리한 두 입술에 가느다란 미소가 스쳐갔다.
그리고 그는 자기대로 나의 싸늘한 손가락을 꼭 잡아주었다.
「괜찮습니다, 나리」하고 그는 속삭였다.
「그것만으로도 고맙습니다, 그것도 역시 적선이니까요」
나는 깨달았다…
나도 이 형제에게서 적선을 받았다는 것을…

투르게네프 사거리 / 이근모

나는 투르게네프 사거리에서 신호 대기 중이다.
파란 불이 켜져도 차량 모두 정지한 채다.
초록색 신호등을 가로막고
방실방실 여유롭게 걸어가는 모습,
너무나 고고하다.
고고한 그분, 이름하여 똥개라는데
수많은 차를 좌지우지한다.

에쿠스 운전하다 멈춰선 신사
짜증내며 하는 말
「미치겠네, 개새끼 」
마침 그곳에서 구걸하는 거지 한 분
멈춰선 차를 향해
「 100원만 주세요」
「 200원만 주세요, 300원만 주세요」
구걸하는 돈의 액수가 차종에 따라 다르다.
짜증만 내는 운전자들 거지를 쳐다보지 않는다.
그러자 거지 개한테 달려가더니
덥석 안아 차도 밖으로 쫓아낸다.
짜증 덜어주면 한 푼 줄줄 알고…
그러나 운전자들, 머플러 검은 연기 확 품어
거지에게 쏟아 붓고 붕붕 달려가 버린다.
그 사거리에 자동차 바퀴 흔적만 밀려들 뿐
아무도 없었다
투르게네프 울음소리가 정적을 깨는
출근길 아침…
나의 지갑에는 달랑 신용카드만 있었다.
깜빡이로 깜박깜박 그 거지에게 마음으로만 적선하고 떠났다.
그 거지 나의 깜박이는 마음을 보았을까?

투르게네프는 톨스토이와 쌍벽을 이루는 러시아의 대문호다. 투르게네프의 대표작으로는 「농노일기」, 「처녀지」, 「연기」, 「父子」, 「루싱」등이 있다.

투르게네프의 "거지"라는 작품은 그가 말년에 펴낸 산문시집의 대표작으로 구걸하는 가두의 거지를 두고 쓴 작품이다. 이 작품을 통하여 그의 인도주의를 짐작할 수 있다.

우연히 나의 출근길에 목격한 어느 거지의 구걸 광경을 보고 투르게네프의 "거지"라는 시가 떠올라 이를 패러디 하여 나름의 시 하나를 써보았는데 그 시의 제목을 "투르게네프 사거리"로 하고 그때의 광경에서는 인도주의가 실종되어 있음이 매우 안타까웠다.

나 자신도 인도주의를 외면하였고…

하여, 그 시를 여기에 올려 본 것이다.

3. 맺음 말

본 칼럼의 주제가 패러디에서 얻는 기쁨이다. 그런데 이 칼럼에서 과연 패러디로 작성한 시와 글이 얼마나 독자 여러분께 기쁨을 주었을까? 그리고 패러디에 관한 나의 개념 정리가 얼마나 도움이 되었을까? 하는 질문을 스스로 자신에게 던지면서 생각해 보니 독자 여러분께 만족스러움을 드리지 못하였구나 하고 자책을 해본다.

하여, 언젠가 인터넷에서 읽어본 전라도 사투리 글을 패러디 한 와이담을 독자 여러분과 같이 웃자고 소개하면서 본 주제의 글을 마친다.

서울 신랑과 전라도 신부

서울 신랑과 전라도 신부가 그야말로
알콩달콩 깨가 쏟아지는 신혼생활을 하던 중에
어느 날 밤 배가 출출하여 야식으로 〈국수〉를 삶아
다정히 먹다가 승강이를 벌이게 되었다.

그 말싸움의 내용은 사실 별것 아니었다.
서울 신랑이 〈국수〉라고 하였는데
전라도 신부가 〈국시〉가 옳다 우기는 것 아닌가,

내 말이 맞네, 아니야 내 말이 맞네…
둘은 한참을 옥신각신하였는데 결판이 나지 않았다.
그렇다고 자기 고향의 자존심을 꺾고 싶지 않았다.

그들은 고심 끝에 이웃에 사는 국어선생님을 찾아가서
누구 말이 옳은지, 물어보기로 하였다.
"선생님, 〈국수〉와 〈국시〉는 무슨 차이인가요?"

그 선생님은 그들 부부에게 대답해주었다.
"야, 솔찬히 달라불지라이
〈국수〉는 〈밀가루〉로 만든 것이고
〈국시〉는 〈밀가리〉로 만든당께요."

부부는 다시 물었다.
"그럼 〈밀가루〉와 〈밀가리〉는 무슨 차이가 있나요?"

그 선생님이 대답하였다.
"차이가 있고 말고요.
〈밀가루〉는 〈봉지〉에 담긴 것이고
〈밀가리〉는 〈봉다리〉에 담긴 것이랑께요…"
부부는 다시 물었다.
"그럼 〈봉지〉와 〈봉다리〉는 무슨 차이인가요?"

그 선생님은 친절히 대답해주었다.
"그거 말이요. 〈봉지〉는 〈침〉을 발라 붙인 것이고
〈봉다리〉는 〈춤〉을 발라 붙인 거랑께요."

부부는 또 다시 질문을 하였다.
"그럼 〈침〉과 〈춤〉은 무엇이 다른가요?"
그 선생님은 그들에게 대답해주었다.
"참말 말이요. 〈침〉은 〈혓바닥〉에서 나온 것이고
〈춤〉은 〈쎗바닥〉에서 안나오요?"

선생님은 헛기침을 한 다음에
"아, 그라고 말이죠. 〈밀가루〉는 〈가게〉에서 팔고
〈밀가리〉는 〈점빵〉에서 판당께롱..."
그들 부부는 침을 꼴딱 삼킨 다음에 다시 물었다.
"그럼 〈가게〉와 〈점빵〉은 무엇이 다른가요?"

그 선생님은 빙긋이 웃고나서는
"그거 말입니다. 〈가게〉에는 〈아주머니〉가 있고
〈점빵〉에는 〈아짐메〉가 있는 거지라이?"

시와 힐링

- 을로 처세하기와 힐링

1. 여는 말
   - 을로 처세하기
2. 시와 힐링
   - 힐링의 의미
   - 힐링 시 감상
3. 맺음 말

시와 힐링
- "을"로 처세하기와 힐링

1. 여는 말

- 을로 처세하기

인간은 사회적 동물이라는 기본은 누구나 다 아는 명제다. 이 사회적이라는 말에는 사람과 사람이 살아가면서 얽히고 설킨 관계를 유지하는데 충돌이 없도록 규범을 지키자는 약속을 전제로 한다.

약속을 지키자는 것, 그것은 서로 상대가 있는 계약 관계인 것이라 할 수 있다. 계약 관계에서 계약 당사자를 우리는 보통 「갑」과 「을」로 표기하고 계약서를 작성할 때, 계약을 발주하고 주도적 위치에 있는 당사자를 「갑」으로 표기하고 그 계약에 응하는 당사자를 「을」로 하여 계약을 한다.

계약이란 계약 당사자가 상호 대등한 위치에서 어느 한쪽이 더 불이익을 당하는 계약이 아닌 저울추 같은 계약을 의미하지만 「갑」과 「을」의 입장을 면밀히 살펴보면 어떤 다툼이 있을 경우 계약의 내용 해석이나 적용에 있어서 「갑」이 더 유리한 경우가 허다하고 군림하는 위치다.

시대의 변천을 생각해 볼 때 과거의 지식의 발달 속도가 더디던 사회에서는 많이 배우고 많이 아는 사람과 그렇지 못한 사람의 격차가 뚜렷하기에 우월한 위치에 서있는 사람이 대중을 이끌어갔었지만 지식 정보가 수시로 변화하고 인간의 존엄성을 중시하는 사회가 되면서 경제, 정치, 문화 등에서 전문성과 투명성 그리고 인격권을 중시하고 요구하고 있고 지식 정보가 사회를 이끌어 가고 있기에 잘난 사람 못난 사람 없이 모든 사람이 평준화되어 있다.

이런 현실에서 많이 아는 척, 잘난 척하다가는 큰 코 다칠 일이다. 큰 코를 다쳐 스스로 깨달았다면 다행인데 이를 깨닫지 못하고 계속 으스대다 보면 자신의 추한 꼴을 보여 줄 뿐만 아니고 남에게 본의 아니게 스트레스까지 선물을 하고 인간관계를 망치는 경우가 허다하다.

그러나 인간관계에 있어서 "모두가 다 나 보다 잘났다" "자신을 낮추자" 이 생각으로 인간관계를 맺어가다 보면 어느 한순간에 자신의 위치가 여러 사람 앞에 우뚝 서있음을 알게 된다.

그래서 나는, "모두가 다 나 보다 잘났다" "자신을 낮추자" 하는 이 모토를 계약서의 「갑」과 「을」의 논리를 빌려와서 "「을」로 처세하라"로 정의를 내려본다.

그러면 "「을」로 처세하라" 하는 방법이랄까 아니면 요령에는 어떤 것이 있을까? 이는 각자의 처세에 따라 입장에 따라 적용해야할 원칙이라고 생각한다. 즉, 어떤 정답이 없다는 것이다. 자기가 하는 직업에 따라 하는 일에 따라 환경에 따라 상황에 맞게 처신하면 될 것이다. 그러나 공통적으로 누구나 공감하는 몇 가지 원칙을 나름대로 제시해 본다.

1. 나와 관계를 맺는 모든 상대를 "갑"으로 생각하고 나는 항상 "을" 이다.

2. 비록 나는 "을"이지만 "갑"이 나에게 호감을 가질 수 있는 경쟁력을 키우는데 게을리하지 않는다.
3. 나의 위치를 알아주고 나의 인격을 존중해 주는 "갑"에게 진심으로 감사한다.
4. 사람과 사람의 관계에선 웃음으로 대하고 존중감을 표한다.
5. 자신을 모르고 "갑"의 위치에 서려고 하는 사람에게는 "을"이 되지 않고 존중감도 표하지 않는다.
6. 한 발 앞서가는 나만의 창의적이고 신선한 사고를 개발하고 갖는다.

시 창작에 있어서도 여러 가지 기법이 있다. 시 마다 그 시를 쓰는 시인의 시풍이 있기 마련이다.

사회 부조리를 고발하는 시대 참여시를 쓰는 시인, 독자에게 교훈을 담은 교시적이고 훈계적 시어를 쓰는 시인, 선경후정(先景後情)의 서정시를 쓰는 시인, 등….

주로 참여시나, 교훈시 등은 "갑"의 처세적 시어가 일방적이고 서정시는 "을"의 처세적 시어가 일방적이라고 나름대로 정의해 본다. 물론 참여시나 교훈시에도 "을"의 처세적 시어도 있고 서정시에도 "갑"의 처세적 시어가 있긴 하지만 그것이 주류를 이루고 있지는 않다.

2. 시와 힐링

– 힐링의 의미

요즘 힐링(Healing)이라는 말이 유행한다. 힐링스토리(Healing Story), 힐링토크(Healing Talk) 등 등….

힐링의 의미를 살펴보면 힐(Heal)이라는 동사를 동명사화 하여 힐링(Healing)이라 하는데 힐의 뜻은 고치다, 낫다의 뜻으로 힐링은 몸과 마음을 치유한다는 뜻으로 해석한다. 여기서 치유란 몸과 마음에 한정하다기 보다는 전반적인 삶을 치유한다는 의미가 더 크게 사용되고 있다.

나는 이 유행어 힐링을 차용하여 힐링포엠(Healing Poem)이라는 용어로 시를 통한 마음의 치유를 이야기해보고자 한다.

시는 인간의 감성을 자극하는 언어예술이고 문자예술이다. 인간은 기쁠 때나 슬플 때나 감격에 벅차다 보면 눈물을 흘린다. 다원화와 다양화가 사회를 이끌고 있는 오늘날은 마음의 상처를 안고 사는 사람이 많을 뿐 아니라 스트레스와 정신과적 치료를 요하는 우울증 등의 범람 시대라고 해도 과언이 아니다.

스트레스와 우울증으로 고통을 겪는 사람들이 누구와 대화를 나누며 교감을 하다 보면 스트레스 해소와 함께 우울증 같은 정신적 고통도 위안을 받는다. 이럴 때 대화의 상대가 목에 힘을 주고 「갑」의 위치에서 응대를 한다면 스트레스나 우울증을 해소 시킬 수 있을까? 「을」의 처세로 대화에 응해 줄 때 상대는 교감을 나눈다는 느낌과 함께 그 대화의 상대를 인정하고 존경하기까지 한다. 눈가에는 눈물을 글썽이며….

이러한 사람에게 「을」의 처세와 같은 글을 접하게 하는 것도 힐링의 경우에 해당되지 않을까 하고 생각을 해본다.

마음 아파한 사람이라면 어떤 글을 접할 때 자신의 처지에서 그 글을 해석하고 느끼면서 마음을 달랜다. 이렇게 마음을 달래다 보면 어느덧 힐링의 단계에 자신도 모르게 와있음을 알게 된다.

– 힐링시 감상

시에 있어서도 무엇인가를 염원하는 시, 아픔을 달래주는 시, 등은 「을」의 처세와 같은 시어들로 이루어진다.

이러한 시 몇 편을 소개해 본다. 비록 졸시 이지만….

가을 기도 / 이근모

가을엔 기도하게 하고, 사랑하게 하소서.
나를 아프게 한 모든 사람을 위하여
아낌없이 주게 하소서, 미련이 남지 않도록
그리하여 그와 나, 모두 행복하게 하소서.

가을엔 헤어짐도 소중히 가꾸게 하소서.
가을 하늘 하얀 눈썹이 웃는 모습에서
시곗바늘 돌아가는 소리를
사랑하게 하소서.

가을엔 나의 눈동자 반짝이게 하소서.
나의 꿈 백발이 되는 그날까지도
찬란히 빛나는 시침 위에
아름다움만을 올려놓게 하소서.

가을엔 무거웠던 행장을 비우게 하소서.
해와 달이 뒹구는 어깃장의 연속에서도
배냇적 웃음 같은 그런 웃음
짓게 하여 주소서.

6월 31일의 기도 / 이근모

유월 햇살 꺾어 버릴
장마 두려움 없는 세상을
갈구하옵나이다

하늘이시여 땅이시여
하늘과 땅.
새롭게 열리는 세상에선
하루살이 불빛 찾는 설움
마음껏 노래 할
그날 있게 하여 주소서

원없는 노랫가락
불러보지 못한 채
7월의 장대비
맞게 하지 마옵소서

장대비 흘리고
엄동 겪고 설한 겪은 후에야
그때 비로소 31일이 있을까요

그대 하늘이시여 그대 땅이시여
깨꽃 필 때 머슴 밥상
반찬 그릇 얇아지는
그런 세상 없는,

오히려 훈훈 가슴 바람으로
스며들게 하여 주소서

부처님 목발 짚고 오시는 세상
보리수 그늘 아래서
사막의 신기루 보지 말게 하옵시고
이 세상 모두가
6월 31일에서 머물게 하옵소서.

*7월1일자 해고 통지받은 비정규직의 심정을 읊으면서..

25시의 그리움 / 이근모

함께했어도 늘 외로웠던 사람
뜨거운 가슴 태우지 못해
언제나 빈 가슴 부여안고
울기만 했던 사람.

아무도 깨어 있지 않은
우주 아래 나만이 홀로 깨어
떼어 놓을 수 없는 그리움과 함께
음탕한 달빛의 희롱을 받으며
꽁초 풀어헤쳐 신문지를 말았다.
최루탄 가스로 피어나는
사랑의 세레나데는

혼절의 교성으로 손사래 치면서도
나를 움켜쥐고 놓아 줄 줄 몰랐다.

나에게만 존재하는 25시
이렇듯 그 시간 앞에만 서면
그리움을 만들고
슬픔을 만들고
울음을 만든다.

내가 만든 그리움을
내가 만든 슬픔을
내가 만든 울음을 삼키는 여인.

그녀는
사랑과 영혼이라는
수학적 공식을 설명하고
나는 그 정답을 쓰지 못하고
백지 답안지를 제출한다.

사랑과 영혼은 1+1=1인가, 2인가
사랑한다는 말
마음속에 간직할 땐 아름다운 것
하나, 입 밖에 꺼내 놓으면
고통을 지고 사는 것.

하여 난 아무도 듣지 못하는

25시라는 시간 안에서만 외친다

'사랑해'
듣지 못하기에
소유하려 들지 않을 것이니까.

마음속 간직함이 아름다운 것은
1 이기 때문이요
입 밖에 꺼내 놓으면 고통인 것은
2 이기 때문이다.

2라는 정답을 요구하는
영혼의 깃털 하나
허공을 날다 추락하고
사랑은 육신 안에서
기다림이 되는 25시.

평생을 두고두고
그리움만 키우는 사람
나는 오늘도 25시의 시간 안에서
교태 질퍽한 그리움의 코를 곤다.

시인과 목수 / 이근모

퇴직 이후부터일까?

언제부턴가 나는 공동화로 허허함이 가득한
광주광역시 충장로 1가의 비곗덩어리 지글지글 타고 있는
화곡 식당에서 소주잔을 기울이는 시간을 자주 갖게 되었다.
그 식당의 안과 밖을 구분 짓는 출입문에는 그 어떤 통제도 없이
자유롭다는 사실 하나가 나를 그곳으로 이끌었는지도 모른다.

(초등학교 졸업하고 읍내로 진학한 나에게 보내왔던 한 통의 편지.)
-친구야 니는 중핵개 다니며 영어도 배우고 좋겠다.
나가 니한테 영어 써서 보내닝께 무슨 말인지 읽어봐라 잉-
필기체 알파벳 흉내 내어 에이, 비, 시가 아닌
거미줄 치듯 상하좌우 수평으로 행으로 대각선으로
그저 꼬불꼬불 선만 그어놓은 그 친구.
그 꼬부랑 선들이 영어 글자가 되어 영어를 배운 사람은 다
읽을 수 있을 거라는 그 친구의 편지.
그 글을 읽을 수 없었지만, 친구의 마음은 읽을 수 있었다.

~~^??~~
(니는 글짓기 항상 일등 했응께 커서 시인도 되고 노벨상도 타라 잉)
* *~^^^ ~~
(난 울 아부지 목수일 배워서 목수되어 돈 마니 벌어서 부자도 되고
장가가서 아들 딸 낳으면 니처럼 중핵게 보낼란다 잉)

그 친구 지금 건설회사 회장이고
아들은 미국에서 박사과정 밟고 있다.
지금 나는 푸드덕거리는 시인으로
주점 식당에 앉아 있고

아들은 입사원서 들고 발품을 팔고 있다.

식당 출입문을 수없이 들락거렸을 발자국들이
식탁 위에서 저벅저벅 펜촉 굴리는 소리 내는데
벽걸이 선풍기가 바람을 차고 놀다 그만
식탁 위로 냅다 투신자살을 하고 만다.

사리 중인 무명의 시인 넋도
투신자살한 선풍기 위에 얹혀
달그럭 달그럭 돌다가 멈춘다.

어디선가 목수 한 분 망치 들고 달려와
벽걸이 선풍기를 제자리에 고정시킨다.
선풍기에 얹혀 있는 무명 시인의 넋도 함께...

십자가 아닌 콘크리트 벽에 박혀있는 넋
문 열고 들어서는 저녁별 향해
치켜든 소주잔 속으로 곤두박질치고
스파크 일으키는 노을, 별빛을 대패질한다.

잡초의 생존 방식 / 이근모

잡초의 꿈은 생존의 방정식을 풀고 있는 것.
살아온 시간만큼 긴 갈증
정비례 원리로 확장되는 욕심을
토양도 조금만 수분도 조금만

마음을 쓸어 분수를 깨우친다.

비정규직 명함을 주머니에 간직하고
은하수 어딘가에 꼭꼭 숨은 직장으로
출근하는 잡초들.
정해진 이름 없어 터전을 보장받지 못하여도
뿌리에서 움틀 대는 눈물은 그들의 삶을 새겨간다.

잡초는 언제나 필요할 땐 심고 불필요할 땐 뽑아낸다.
절개지에 심은 잡초, 골프장 필드에서 뽑은 잡초
이것이 바로 잡초의 혈통인지도 모르지.
뿌리에 박아둔 눈물이 터전을 넓히며 좁히며
그렇게 한세상을 가꾸고 있는 것이지.
잡초가 있다는 것, 그것은 비정규직의 늦은 밤 귀갓길
보도블록 같은 거야.
거센 바람도 이겨내며 바람의 갈 길을 오히려 안내하는
살아가는 방식을 보행으로 가르치는…
잡초밭에 드리운 별빛 폭신폭신 빛난다.

찔레꽃 / 이근모

그리움 여울져 피어오른 눈부신 향기
하얗게 망울져 햇살에 떠 있을 때

잡으려 손 내밀면

감추어 놓은 가시에서 눈물이 솟고

열린 가지마다 피워내는 혈서에
취한 듯 어지러이 눈 툭툭 멀었습니다.

망울진 듯 멍든 가슴, 어지러이 눈먼 마음
당신의 소매 잡고 그저 사랑한다고만 했습니다.

아지랑이 시샘하는 봄날
다만 사랑한다 했습니다.

가을 독백 / 이근모

가을엔 눈물이 납니다.

동행하고 싶었던 사랑이 떠난 계절
상처난 가슴을 털어내고 싶을수록
더욱더욱 아려만 옵니다.

읽다가 덮어버렸습니다.
일기를..
쓰다가 지워버렸습니다
나도 나의 성장 과정을 모르기 때문에...

이마 위 주름살 흔적을 찾아봅니다.

아름다운 꿈과 진실한 사랑이
주름살에서만 몸부림쳤지
무대에 서서 공연 한 번 해보지 못했습니다.

시리도록 애잔한 흥얼거림만이
낙엽 안에서 뒹굽니다.
세월 너머에 두고 온 마음을
가을바람이 다 마셔버립니다.

계절의 윤회처럼
사랑을 아니까 그리움을 알고
그리움을 아니까 아픔을 알고
아픔을 아니까 그 아픔이 곱기만 합니다.

내 서러움 물고 간 소쩍새가
대신하여 소쩍소쩍 울고 있을 때
이 가을 눈물이 너무나 빛납니다.

종국엔 아무도 없는 무(無) 속에
내가 있을 때...

이상 7편의 졸시를 소개하면서 힐링 시 감상을 마친다.

3. 맺음 말

주제와 관련하여 소개한 졸시의 시작 노트 같은 시의 배경을 함께 소개할까 하는 뜻도 가져보았지만 시의 감상은 일단 발표가 되면 그 시를 쓴 시인의 시가 아니고 독자들의 것이라는 어느 시인의 말이 생각나서 시를 감상하는 여러분의 느낌에 맡기는 것이 주제를 파악하는데 나름의 해석으로 더 효과가 있을 것 같아 생략하기로 하고 독자 여러분의 마음에 조금이나마 위안이 되었으면 하는 바램을 가지면서 유머 하나 얹어 놓는다.

유비, 관우, 장비가 어느 날 우리들 이야기를 담은 영화 '적벽대전'을 보러 가자 했다. 막내인 장비가 인터넷을 못해 극장으로 영화표를 예매하러 갔다. 그런데 한참 기다려도 오지 않자, 유비가 관우에게 가보라고 했다.

유비 말을 듣고 장비에게 간 관우도 함흥차사…

그래서 유비가 천하를 논하는 놈들이 영화표 예매하나 못하느냐며 영화관으로 갔다. 가보니 관우와 장비가 극장을 다 때려부수고 있지 않은가?

이에 놀란 유비가 영화표 예매하러 와서 왜 극장을 박살내느냐고 추궁하니까, 관우와 장비 왈…

↓

↓

↓

↓

↓

'형님, 조조만 할인이랍니다.' '형님도 할인해줘야지요.'

08

향기 그리고 시

1. 여는 말
2. 향수의 유래와 향기에 관한 소고
3. 향기 그리고 시
   - 시 감상
4. 맺음 말

향기 그리고 시

1. 여는 말

우리는 일상의 대화에서 향기롭다. 향이 좋다는 등. 향기라는 단어를 자주 사용한다. 이렇게 흔히 사용하는 언어이면서도 향기라는 뜻을 말해보라 하면 그 뜻을 딱 꼬집어서 정의 내린다는 것은 쉬운 일이 아니다.

향기는 언어로 표현하기 힘들다. 맛과 색깔, 느낌보다 표현하기 힘든 것이 향기다. 그러면서도 향기에는 힘이 있다. 향기는 사람의 기억력에 영향을 준다고 한다.

무심코 지나쳤던 냄새가 어느 날 자신에게 중요한 의미를 부여하게 될 때 이 냄새는 특별한 향기가 되는 것이다.

냄새를 좋은 향기로 바꾸기 위한 노력은 지금부터 4~5천 년 전부터 시작되었던 것으로 알려졌다. 신의 제단을 신성하게 여긴 고대인들은 제단 앞에 나갈 때 몸을 깨끗하게 하기 위해 향기나는 나뭇가지를 태웠다고 한다.

시에도 향기가 있다. 시에서 나는 냄새가 향기 되어 풍길 때 우리는 인간 본연의 심성으로 자연과 하나가 된다. 이러한 향기 나는 시를 감상하기에 앞서 향기에 관한 유래와 이와 관련한 이야기를 알아보고 시 감상을 통한 이야기를 하고자 한다.

2. 향기의 유래와 향기에 관한 소고

향기 또는 향수(香水 Perfume)의 어원은 라틴어의 퍼퓨뭄(perfumum)에서 나온 말로. "(무엇을 태우는 과정에서) 연기를 통해 나오는 것"으로 해석된다. 따라서 태우는 과정은 종교 제의의 행사가 대표적이었는 바 이 종교제의에 사용되었던 향료는 의학 뿐 아니라 화장품과 여러 가지 분야에 응용되었다.

최초로 향이 발견된 곳은 이집트 제18왕조 파라오인 투탕카멘(제12대 왕)의 무덤 안이다. 투탕카멘의 무덤은 사망한 지 3245년 후인 1922년, 영국의 고고학자에 의해 발굴되었다. 당시 아라바스타 항아리에 채워진 향고는 3000년이 지난 후에도 그 향기가 남아 있어 세상을 놀라게 했다.

향기를 오랫동안 보존할 수 있었던 것은 방부성을 가진 유향이나 보류성 높은 방향성 수지를 사용했기 때문이라 한다.

고대 이집트 왕조는 자신의 영혼을 아름답게 보존하기 위해 향을 사용하였는 바, 이는 향기가 사라지지 않고 남아 있게 함으로써 자신의 존재가 더욱 뚜렷이 기억되기를 염원했기 때문이다. 자신의 존재를 각인시키기 위해 노력했던 역사 속 인물은 투탕카멘 뿐만이 아니다.

시저를 잃은 뒤 '감송과 육계의 향기'를 미풍에 실어 보내 옥타비아누스와 안토니우스를 유혹했던 클레오파트라는 언제나 향유를 머금고 있었다고 한다. 그녀는 매일 시돈 산 감송유를 몸 전체에 발랐고 목욕 후에는 장미, 수선화, 백합 등의 향내가 담긴 향유를 사용했다고 한다.

나폴레옹의 사랑을 받아 황후가 된 조세핀은 식물학에 관심이 많아 250종이 넘는 식물을 재배한 것으로 유명하지만 그녀는 식물 재배를 좋아했던 만큼 향기에도 관심이 컸고 사향을 주로 사용했다고 하는데, 조세핀이 죽은 후 70년이 지나도 그녀의 침실에서는 사향 냄새가 났다고 한다. 또한, 우리나라의 명기로 잘 알려진 황진이 역시 사향을 즐겨 사용했다고 한다. 황진이가 죽은 후 그녀의 집을 찾은 어느 선비는 그녀의 향기를 맡기 위해 킁킁거리며 방안을 돌아다니기도 했다는 일화가 전해지고 있다.

이렇듯 클레오파트라, 조세핀, 황진이가 죽은 후에도 오랫동안 아름다움의 상징으로 기억되고 있는 것은 어쩌면 강렬하고 인상적인 향기 때문이었다 해도 과언이 아니다.

향기는 자아를 표현하는 수단이기도 하다. 모든 생명체는 자신이 느끼지 못하지만 자신만의 냄새를 갖고 있다. 그리고 이 냄새는 자신의 정체성이 되고 인격으로 귀결 짓는 바, 이러한 냄새는 단순히 몸에서 발산되는 것이 아닌, 정신적 세계의 발산물로 정신세계의 청·탁에 따라 냄새 자체로 남거나 향기로 피어나거나 하는데, 이 향기의 느낌은 후각이 아니고 마음이라고 한다.

향기는 또한 두 사람이 오랫동안 함께 있을 때 서로에게 각자의 향기를 배게한다. 이런 경우 두 사람은 자신이 모르는 사이에 다른 사람의 향기를 품게 되는데, 향기는 공기를 통해 이동하고 전달되기 때문이다.

길을 걷다가 우연히 지나치던 한 낯선 여자에게서 자신이 사랑하는 남자의 향기를 느꼈다는 왕가위 감독의 「타락천사」영화 속 장면은 우리나라의 화장품 광고에서도 패러디 되었을 정도로 향기는 사람들에게 정서적으로 강한 영향을 준다.

어떤 사람의 옷에서 냄새를 맡으면 대강 그 사람을 이해할 수 있게 된다. 많은 사람이 이 사실을 모른 채 살아가고 있지만 사람들은 자신이 모르는 사이에 남들의 향기를 맡고 기억하고 있다.

누군가를 만나서 처음 그 사람의 향기를 맡았을 때 우리는 주변의 모습과 그 사람의 이미지와 느낌을 머릿속에 깊이 새기게 된다.

'첫사랑의 그녀는 잊어도 그녀의 향기는 잊지 못한다.' 라는 말처럼 향기는 사람을 강하게 끄는 매력을 갖고 있다.

향기는 잊었던 기억을 살려주기도 하고 그때의 느낌을 과거의 그 순간처럼 재생할 수 있도록 도와주기도 하지만, 과유불급(過猶不及)이라는 말이 있듯이 너무 지나친 향기는 오히려 역겨운 냄새로 구역질을 유발하기 때문에 사람들은 강요하지 않는 그윽한 향기를 좋아한다. 그윽한 향기는 강요하지 않아도 기억된다.

향기에 관하여 지금까지 언급한 사항을 정리해 보면 향기에는 두 가지가 있다는 의미로 해석된다. 하나는 냄새, 즉 후각 작용에 의하여 맡게 되는 감각적 향기이고 또 하나는 마음으로 느끼며 맡는 마음의 향기다.

우리 모두 후각 작용과 같은 진한 향수 냄새가 아닌 마음으로 느끼는 은은한 향기를 가진 이로 기억되도록 자신을 표현하는데 노력해 보는 것도 자신을 가꾸는 일이라고 본다.

향기에 관한 나의 소고를 밝히면서 졸시 몇 편으로 삶의 향기를 전해본다.

3. 향기 그리고 시

향기에 관한 소고에서 진정한 향기는 은은함이라고 했다. 이 은은함은 어디서 오는 것일까? 바로, 이성을 일깨우는 절제된 감성의 향기가 아닐까? 하고 생각을 해본다.

이형기 시인은 "사실의 세계가 신의 창작물이듯 허구의 세계는 인간의 창작물"이라고 했다. 이는 허구의 세계는 문학에서 창작되는 세계이므로 문학의 속성인 진실이 담겨 있어야 한다는 의미 일 것이다. 왜? 진실이 없으면 향기가 없기 때문이다. 하여, 시속의 향기가 진실인가에 대한 관심을 염두에 두고 비록 나의 졸시 이지만 감상해 주시길 주문해 본다.

동백의 하루 / 이근모

외출은 했어도 갈 데가 없어
동네 백수들이 모여 노는
동백회 사무실에 갔다.
십시일반 몇몇이 갹출하여 얻은 사무실
나는 회원이 아닌 손님이었다.
치매 방지 놀이 고스톱이 그 사무실의 존재 이유다.
감으로만 느끼는 수신호와 은어에
오늘도 나는 그곳에서 왕따를 당했다.
네 시간을 놀고 거금 이만 원을 잃었다.
집에 오니
마누라는 일당 이만 원 광고 전단지 발품을 팔고
종아리에 태기가 내렸다며 두드리고 있었다.

나는 따로국밥 먹은 내색 없이
가만히 옆에서 마누라 종아리를 주물러 주었다.

꽝꽝꽝, 꽝꽝꽝.
꽝!
티비(TV)에선 로또복권 당첨 번호 알이 뒹굴고….

*동백 : 동네 백수의 준말

떨림과 흔들림에 관한 나의 소고 / 이근모

당신 향기 품으면
한 백 년쯤 살 수 있을 줄 알았지
첫 향기를 생각할 때마다
추억은 내 가슴 속살을 떨게 하였건만
지금 내게로 피워내는 그 향기
첫 향기 그대로였다면
속살 떨림은 계속되었을 거다.

그때의 너를 생각할 때와
지금의 너를 생각할 때
그때의 생각에선 향기가 떨렸고
지금의 생각에선 향기가 흔들렸다.

당신을 추억하면 그때마다
붉은 울음소리로 울고 있었다.

추억이 사라지고 오늘이라는 현실에 서니
당신은 길가에 핀 가을 코스모스 꽃잎으로
바람에 흔들리면서도
그 흔들리는 마음을 감추고
나를 편하시키고 있었다.
즈려밟은 것이 아니라
짓밟은 발자국에 가래침을 뱉어가며…

사랑해서 아프다는 가요 가사처럼
나의 슬픈 고백의 새살이 돋아나고 있는 이 밤
시작과 끝의 떨림의 파장이 똑같은
황홀한 춤으로 막을 내릴 수는 없겠는가.

나의 울음 떠는 소리에
이별을 예감하지 마라 당신
너의 흔들리는 울음소리에서
이별을 예감할지니.

세월을 성형하다 / 이근모

주름살에 맺혀버린 생의 군더더기
젊은 시절 이마에 빛나던 꿈이었다.

그 꿈, 강을 건너는 부표처럼
저승꽃 반점들로 빛나는데

가장자리 눈 가 창백한 이슬방울
무엇이 두려워 떨어질 줄 모르는가.

글썽이는 눈동자 깜박일 때마다
눈 밑 그늘에 멍 하나씩 스민다.

성형외과 레이저 바늘,
스민 멍 지울 때마다

흙의 이야기 그리고 바람이
몽돌로 빚어낸 가슴, 하나씩 파먹는다.

아~
마음속 허무의 세포, 청춘을 재생하나

포장한 택배 상자 반품입니다
초인종 소리 요란하다.

「불후의」의 꼴 / 이근모

불후에 의가 없으면
이빨 빠진 잇몸처럼 바람이 샌다.
불후의 명작, 불후의 업적, 불후의 명곡,
불후의 명저, 불후의 역사, 불후의 ?
「불후의」의 꼴로 쓰여 져야만 참맛이 난다.

불후의 의미로 역사를 쓰는 사람
'의' 를 빼고 말 바꾸기에 바쁘다.

동구 밖 젖어오는 어둠 타고 별이 똥을 싸는 것도
하늬바람에도 곡식이 여물지 못한 것도
창문을 열어 놓아도 봄바람 스며들지 못하고
무거운 시간만 흐르고 있는 것도
'의' 가 빠진 불후만으로 포장하기 때문.

무시로 이는 그리움이 삭아가는 영혼에는
소름보다 더 떨리는 '의' 가 있다.
그 떠는 '의' 가 영원불멸로 숨 쉴 때
우리의 염원 모두 녹아 바다에 이르고
여기저기 누워 있던 나목들이
슬픔에 먹혀 새살을 돋는다.

겨울 가고
처마 끝 고드름 녹는 진한 울음이
뚝뚝 '의' 를 모아
햇살 속으로 빨려들게 하는 봄 날
'의' 가 빠진 불후는 어디로 뛰어내려야 하나.

별에서 온 당신 / 이근모

꿈은 하늘에서 빛나는 별에서 자라고

나는 당신의 눈망울 안에서 자란다
오작교를 놓아주는 까마귀는
그 어디에도 없었고
눈물은 가슴을 자라게 했고
달빛은 그리움을 자라게 했다
흐르는 구름이 일기예보를 하며
태양을 그렸다가, 우산을 그렸다가,
눈꽃을 그렸다가, 바람을 그리곤 했다

그때마다 그려지는 그림들은 모두
별들이 되어 은하수를 이루었다
도도히 흐르는 강물처럼….
오늘도 나는 그 흐르는 강물을 들이킨다
별에서 자란 꿈 목젖을 적시는 순간
부어 있던 편도의 통증 서서히 사라지고
당신의 눈망울은 내 가슴에 있다.

블랙 / 이근모

어깨가 걸어간다. 수많은 어깨가…
검은 세단 달린다. 에스코트 받으며…

90도 꺾인 허리, 꼿꼿이 힘준 목
힘과 과시로 밤이 밤을 먹는다.

햇빛에 박치기하고
어둠과 사랑을 나누는 색.

그러나 장례식장에서는
슬픔을 달래주는 색.

누구나 공, 과는 있다
어느 쪽이 크느냐 일 뿐.

과만 논하지 말고 공만 논해보자
너도 웃고 나도 웃고 모두가 웃는다.

까마귀 노는 곳에 백로도 가보자
까마귀 어느덧 백로 되어 있나니.

고로쇠나무 / 이근모

봄이 오는 저 산이 묵묵히 침묵하는 것은
세찬 바람 몰아쉬는 숨 버거운 탓일까

서산의 노을 머무는 것도 잠깐
밤하늘 별들이 꿈을 꾸는 저녁

봄바람에 덧난 상처 주사기 꽂고
어둠과 아픔을 나눈다.

밤새워 수액을 빨아올리는
뿌리의 아픔 너머엔

별의 꿈을 듣고 있는
부처님 독경이 있다.

적선이라는 참선의 도는
살갗이 애리는 고통도 보시라서 기쁘다.

인간의 탐욕 앞에 혈관을 뚫어
흙의 눈물 머금은 동안

뿌리는 수맥 찾아
지팡이를 두드린다.

동이 트기에는 아직 이른
겨울과 봄의 중간쯤에 서 있는

추월산 계곡의 고로쇠나무
물안개 슬픈 이야기 묻어둔 채

모질게 살아있어 꿈틀거리는 혼을
해 돋는 동녘에 올려놓는다.

그 겨울, 바람이 분다[1)] / 이근모

가야지. 눈 덮인 대지를 향하여.
찍어야지. 눈밭에 내 발자국을.
그 가을 억새가 섧게 울던 밤
고고한 달빛도 쓸쓸하게 손 내밀며
눈물을 흘렸지.
코스모스 한잎 두잎 바람을 맞이하면
유년의 꿈을 모아
태 묻힌 그곳으로 돌아가야지.

내 생의 이정표가 되었던 그곳에서
억새가 울던 사연을 읽어봐야지.

고고한 달빛이 왜 쓸쓸하게 손 내밀었는지.
눈밭에 찍힌 내 발자국 어떻게 찍혔는지.
가야지, 가야지 하얗게 덮인 벌판을 향하여.
그 겨울, 바람이 분다.

매화나무에 걸친 혼 / 이근모

매화나무 가지에 봄이 내린다
그리움 초록으로 새순이 돋고

주1) 그 겨울, 바람이 분다. SBS T.V 연속극 제목

두견이 울음이 꽃망울을 터트린다.

먼 산 아지랑이 바람꽃 되어
울 엄니 온기로 가슴을 데우면
빼앗긴 고독은
어머니가 쑥 캐던 자리에서
먼 회상을 캐고 있다

봄이 되면 언제나 똑같은 그 자리
늘 그래온 그리움 안고
지난봄에도 그러했던 것처럼
겨우내 떨었던 빙어들을
봄바람에 방류한다

천상의 어머니에게도 자비가 닿아
봄향기 맡으시는 은혜 있기 기원하니
자식 사랑 몽돌혼 훈풍으로 달려와
매화나무에 걸친다.

하루를 시작하는 소묘 / 이근모

이른 새벽 알람에 눈을 뜨자
새벽 공기 폐를 찔러온다.

새벽 공기 따사한 날과

새벽 공기 쌀쌀한 날은
시작되는 하루가 다르다.

따사한 공기가 속삭이는 말씀
생명의 빛으로 태어나고
쌀쌀한 공기가 속삭이는 말씀
어둠 속으로 걸어가는 발걸음 소리 같다.

이 세상에 존재하지 않는 것을 찾아
길을 여는 수도자처럼
하루를 시작하는 아침마다
미래의 존재를 향하여 나래를 편다
따사한 날은 물론 차가운 날에도
크게 넓게 높게.

나의 도전을 격려하는 햇살
어느덧 길 위에 내려앉아
어둠 속 발걸음 소리도 녹여버린다.

어머니의 별 / 이근모

노년의 한 영혼으로 늙어버린 이날까지도
당신을 사랑할 수밖에 없었던 주책이
억겁의 시간을 거슬러
함께한 인연이 존재했던 별을 향해

태초의 나를 찾아 길을 나선다.

그 별에 숨겨진
전설의 베일을 벗겨 내기 위해
유년의 혼이 걸어오는 저 별의 문틈을
열어 놓을 시간이다.

문틈 사이로 수백 발의 큐피드 화살이
내 심장을 과녁으로 찔러와도
프로메테우스의 간을 이식받은 나는
심장의 박동소리 더욱 크게
당신을 만나러 가는 길을 통과 할 때까지는
불사조.

내 영혼 저벅저벅 걸어가는 발걸음 소리가
우리 인연이 닿았던 그 별나라까지 들리나니
그대 잠에서 깨어 기지개 켜고 양팔을 벌리소서.
달려가 당신의 품에 안기리니….

아~
천상의 어머니여
바람소리 새소리 추억이 날고 있는
태(胎) 묻힌 자리 숨소리여
그리움 껴안아주는 안온한 품이여.

아버지의 길 / 이근모

걷는다.
내 아버지가 걸어가셨던 그 길을…
등뼈 마디마디에 자리 틀고 있는
세월 안으로…

걸어 볼 수 있는데 까지 걸어 본다
지팡이는 저 멀리 산너머에 있지만
그곳까지 가는데 그 누구도
손 내민 자 없지만
고갯길 사이사이 휘어지고 부러지는
나뭇가지 움켜쥐고…

나뭇가지 부러져도
힘없는 다리는 주저앉지 않는다
열대야 하얗게 지새는 밤
마실오는 별님 달님
주머니에 한아름 꿈을 담아주고저
행복을 담아주고저…

아~
땀 흘리는 여름밤
바람도 쉬어가지 않는 여름밤에도
걷고 있는 아버지의 길

눈보라 순백의 대지에

아버지 발자국이 찍히고야
아버지 걸어가신 길이 새하얗다는 걸 알았다.

패인 발자국에 고인 아버지의 눈물이
너무나 쓸쓸하다.

이상 12편의 졸시를 감상해 보았다. 이 시가 과연 독자 여러분께 향기를 전해주는 시가 되었을까에 대한 질문을 스스로 던져보고 스스로 답을 해 볼 때 독자의 느낌에 따라 "예, 아니오."의 답이 나올 거라고 추측을 해 본다. 12편의 시 하나하나에 시작노트 식으로 화자의 시상을 이야기하고 싶었으나 자칫 잘못하면 화자의 이야기가 아닌 시를 쓴 시인의 이야기로 전락 되어 시의 맛을 잃어버릴까 봐 시 감상에 있어서는 독자의 몫으로 돌리는 것이 더 시의 맛을 살릴 수 있다고 생각하고 이를 생략 하였다.

독자 여러분의 느낌으로 향기 여부를 판단해 주시기 바란다.

4. 맺음 말

향기하면 그 향기가 전해지는 강도에 따라 향기의 종류를 구분한다고 한다. 화향백리(花香百里), 주향천리(酒香千里), 인향만리(人香萬里)라는 말이 있다. 즉, 꽃의 향기는 백리를 가고, 술의 향기는 천리를 가고, 사람의 향기는 만리를 간다는 의미인 바, 나는 여기에 시향천년만년(詩香千年萬年) 이라는 말을 하나 더 얹어 놓고 싶다. 시의 향기는 우리 인류가 생존해 있는 한 천 년 만 년 이어지는 가장 멀리 가는 향기요 마음으로 느끼는 향기요 그윽한 향기이기 때문이다.

시의 주제가 어떤 것이든, 시에는 향기가 있는 것이다. 왜 시에는 향기가 있는 것일까? 이는 시 한 편에 하나의 이야기가 들어있기 때문이다. 또한, 시향은 우주의 모든 만물과 교류하고 통합으로써 천지의 기운을 운행하고 이 기운을 받은 인류는 홍익하는 마음을 갖는다고 본다.

끝으로 시향을 품어 낼 때 어떻게 해야 할까에 대하여 언급해 볼까 한다. 우리는 시 속에서 말하는 사람을 화자라 한다. 그리고 시를 쓰는 데 있어 시인과 화자는 꼭 일치하는 것이 아니다. 그러므로 시를 쓰는 시인은 화자를 통해 말해야지 스스로 시 속으로 뛰어들면 안 된다. 그렇게 되면 시가 시인의 사적인 발언으로 전락하게 된다. 〈안도현의 시와 연애하는 법 / 체험을 재구성하라.〉 즉, 시인의 말이 아닌 화자를 통한 말의 시 일 때 그 시향은 그윽하다는 것이다. 그리고 이 그윽한 시향이야말로 시가 예술로서 보장받을 수 있다고 본다. 예술로서 보장, 이는 바로 문학의 속성인 아름다움과 진실인 것이다. 진실에서 아름다움이 우러나오고 아름다움에서 진실이 우러나오는 그런 시향을 꿈꾸며 이야기를 마친다.

그리고 하나 더 향기 그윽한 다섯줄짜리 인생 교훈을 얹어 놓는다.

다섯줄짜리 인생교훈
–갈까 말까 할 때는 가라 !!
–살까 말까 할 때는 사지 마라 !!
–말할까 말까 할 때는 말하지 마라 !!
–줄까 말까 할 때는 줘라 !!
–먹을까 말까 할 때는 먹지 마라 !!

날마다 읽어보세요.

모순법에서 얻는 깨달음

1. 여는 말
2. 모순법을 사용한 시 감상
3. 맺은 말

모순법에서 얻는 깨달음

1. 여는 말

월간 문학공간 발행인이신 최광호 시인께서 향기 메일을 지인들에게 보내곤 하는데 내가 문학공간을 통해서 등단을 해서인지 나도 그 향기 메일을 받아 보고 있다. 그런데 어느 날 받은 향기 메일의 제목이 '모순법'이고 글의 내용은 류 철님의 사진 작품과 글로 아래와 같은 신선한 충격을 주는 시였다.

> -일몰 보러 동해로 가고
> 일출 보러 서해로 갑니다.
>
> 가끔은 그러고 살지요.
>
> 류 철 / 삼척에서-

일출과 일몰, 이렇게 말을 하면 해는 동쪽에서 뜨고 서쪽으로 진다는 것은 삼척동자도 아는 사실이다. 그래서 우리는 보통 해맞이하면 동해 쪽으로 가야하는 것으로 알고 또 그렇게들 하고 있다. 마찬가지로 해가 지는 것을 보려면 서해 쪽으로 가야하는 것으로 알고 다들 그렇게 한다. 그러나 이러한 설명은 한반도라는 지도를 놓고 보았을 때의 상황이고 국지적 측면에서 보면 지금 바로 내가 서있는 축을 중심으로 하여 좌우가 동서가 되고 전후가 남북이 되니 서해에도 동서남북이 있고 동해에도 동서남북이 있다는 것으로 위의 시는 모순 어법이면서도 모순이 아닌 철학을 담고 있다 할 것이다. 즉, '나' 라고 하는 실존의 존재 의미를 담고 있다 할 것이다.

힐링은 자존감이 선행요건이다. 자존감이 없는 사람은 자신의 존재 가치마저도 못 느낀다. 이런 사람이 어찌 상처받은 자신의 몸과 마음 더 나아가서는 삶을 치유 받을 수 있겠는가. 가끔은 이렇게 상상치 못했던 언행으로 모순법을 활용하면서 살다 보면 상처 받은 삶이 치유되기도 한다. 그래서 아마 위의 시처럼 모순법 아닌 모순법으로 현재의 처해 있는 상황을 극복하고 위로를 받는다.

그러면 모순법이란 어떤 의미이며 어떤 개념일까?

먼저, 모순이라는 단어를 놓고 국어사전에서 그 뜻을 찾아 본 후 모순법 또는 모순어법과는 어떻게 그 의미가 달라지는가를 먼저 살펴보고자 한다.

모순이란 한자로 矛盾이라고 쓰는데 矛는 그 뜻이 창을, 盾은 그 뜻이 방패를 뜻하여 창과 방패의 결합어로 중국 초나라의 상인이 창과 방패를 팔면서 창은 어떤 방패로도 막지 못하는 창이라 하고 방패는 어떤 창으로도 뚫지 못하는 방패라 하여 앞뒤가 맞지 않는 말을하였다는데서 유래하여 어떤 사실의 앞 뒤, 또는 두 사실이 이치상 어긋나서 서로 맞지 않음을 이르는 말로 이 모순은 서로 양립할 수 없음에도 불구하고 공존하게 된다.

이러한 모순의 의미 안에서 모순법이란 문학에서 사용하는 단어로 모순어법이라고도 하는데 '수사법에서 효과적인 표현을 하기 위하여 서로 앞뒤가 맞지 않는 말을 함께 사용하는 방법을 말한다.' '소리 없는 아우성', '침묵의 소리' 같은 어법이 이에 해당된다.

우리는 살아가면서 일이 잘 안 풀릴 때가 있다. 삶의 고난을 터득한 선인들은 "급할수록 돌아가라" "동풍이 불어 닥치면 서풍도 불어 닥칠 때가 온다"는 등의 삶의 경험 철학을 이야기한다. 서두에 소개한 류 철 시인의 '일몰 보러 동해로 가고 일출 보러 서해로 간다'는 것이 아마도 이런 삶의 철학을 이야기하고 있다고 보아야 할 것이다. 이렇듯 모순 어법의 철학은 풀리지 않는 삶을 풀어가는 수도자의 길과 같은 것이라 본다.

하여, 모순법은 자기 수양의 언어 사용이고 강력한 이미지를 생성해서 메시지를 전하는 언어력이라고 나름대로 정의하면서 서두를 연다.

2. 모순법을 사용한 시 감상

모순법은 역설의 기법 즉, 패러독스의 기법의 하나로도 응용되고 있다. 여는 말에서 예문을 들었던 '소리 없는 아우성', '침묵의 소리'는 물론 '소란한 침묵' '조용한 군중' 등과 같은 모순어법 역시 패러독스의 한 기법이므로 역설이 주는 의미를 새겨 부정의 부정은 강력한 긍정과도 같은 그런 메시지를 내포한다 할 것이다.

이러한 모순법의 개념 안에서 나의 졸시 몇 편을 소개하고 체언을 더할까 한다.

지독한 여자 / 이근모

그 여자는 지독함을 빼고 나면 시체네
온몸에 선인장 가시같이 송곳날을 세우는 여자
나는 그 지독한 여자를 흠모하네

사막의 갈증을 품고 있는,
흘릴 눈물조차 말라버린
하얗게 돋아난 열꽃으로
콕콕 찔러오는 그 여자를
은혜 하네

백화점 문턱이라곤 한 번도 가보지 못한 여자
점포정리 오천 원짜리 바지 입고
거울 앞에서 폼을 잡는 여자
말바우시장 골목골목을 세 시간이 넘도록 뒤지며
오백 원짜리 배춧단을 찾는 여자
나의 다리를 쥐내리게 하는 여자
가끔은 짜장 외식을 하고 싶어 하는 여자
나는 그 지독한 여자를 사랑하네

빛바랜 브래지어를 버리지 못하고 지독한 향기로
젖무덤을 포장하는 여자
나의 코끝을 간질이는
지독한 그 여자의 지독한 그 향기에
나는 오늘도 죽어 가고 있네

선인장 가시로 이름 없는 화장품 바닥까지
박박 긁어모아 화장하는 그 여자
나만이 맡을 수 있는 선인장 가시 향기를
나는 사랑 하네
지독한 향기로 오아시스를 가꾸는 그 여자.

왜 이 시가 모순 어법에 해당될까? 이 시는 나의 아내를 모티브로 해서 쓴 시이다. 그리고 가난에 찌든 박봉의 월급쟁이에게 시집 와서 가정의 재정을 일으킨 나의 아내에게 감사와 고마움 그리고 나의 마음속 사랑을 담아 쓴 시이다. 극한 상황에서 생존법을 모색하는 선인장의 모진 삶을 제시하여 고난과 역경에 대한 내 아내의 삶의 의지를 메시지로 그려 아내에 대한 숙명적 사랑의 고백 효과를 높이고자 모순어법으로 묘사했던 것이다. 그러면 이 시에서 모순어법의 시어가 무엇일까?

'콕콕 찔러오는 그 여자를 은혜 하네.' '송곳날을 세우는 여자를 흠모하네.' '향기에 죽어가네.' '가시를 사랑하네' 이러한 시어들이 모순어법으로 작용했다 할 것이다.

퇴직 이후 / 이근모

퇴직하였을 때나
하지 않았을 때나
변함없는 것은

하시(何時) 하도(何道)를 불문하고
자동차 씽씽 달리고 있다는 것.

이승과 저승이 숨바꼭질
하고 있다는 것.
우렁이 속 같은 세상
새 부리에 물려
햇님 떠오르고 있다는 것.

대낮 도르르 벙그러진 꽃웃음과
이슬로 목축인 밤, 그리고 새벽
모두가 변함없는데

변한 것 하나 들추어 보라면
잡초밭 생활의 땡볕에
이가와 저가가 굽고 있는
이 눈치, 저 눈치를
발가락 사이사이에 또아리 틀어서
자동차 꽁무니 쫓아 발품으로
달린다는 것.

아~ 또 하나
'선생님 연령은 보험 가입 자격이 없습니다'
새치 머리에 메가바이트(MB) 전파로
폭설 경보가 울리고 있다는 것이다.

이 시는 내가 정년퇴직을 하고 나서 그 당시의 나의 심정을 읊어 본 시이다.

이 시에서의 모순어법의 시어는 무엇일까?

그것은 '새 부리에 물려/ 햇님 떠오르고 있다는 것.' 이라 할 것이다. 퇴직 후에 찾아오는 허허로움을 이렇게 모순어법으로 표현해서 어느 순간에 변해버린 내 주변의 환경에 대한 이미지 묘사를 하고자 이렇게 표현해 보았던 것이다.

지독한 아름다움 / 이근모

루즈를 칠한 입술에 감추어진 누런 이가
스멀스멀 삐져나올 때
역겨운 사랑 고백이
치약 바른 칫솔 틈을 빠져나가고 있었다.

매니큐어 벌겋게 빛이 나는 손톱에
처녀막 찢어지는 소리가 배어들고 있을 때
통증의 쾌감이 손톱 아래
때가 되어 쌓여가고 있었다.

쌍꺼풀에 칼 냄새가
스며들고 있을 때
길게 자란 속눈썹 또 다른 미인을 찾아
칼처럼 날카롭게 찔러대고 있었다.

칼춤이 만들어 내는 지독한 아름다움
핫팬츠 관능적인 허벅지가
죄인을 만들고 있을 때
나는 그만 가만히 눈을 감아 버렸다.

이 시의 모순어법은 '지독한 아름다움'이다. 아름다움이란 어떤 대상이 즐거움과 기쁨을 줄 만큼 예쁘고 곱다는 뜻으로 눈으로 보기에 좋고 사랑스럽다는 의미다.

또한, 무엇이 감탄을 느끼게 하거나 감동을 줄 만큼 훌륭하고 갸륵하다는 의미를 가지고 있다. 이런 아름다움에 지독하다는 형용사를 사용했다. 지독하다의 뜻은 사람이나 그 성격이 아주 모질고 독하다. 또는 무엇의 정도가 아주 심하다는 뜻인 바, 의미상 서로가 양립 할 수 없는 말을 공존 형식을 취하여 모순어법을 사용하여 억지로 인위적으로 꾸민 미를 폄하시키는 효과를 끌어내었다.

도가 지나치면 오히려 폐가 된다는 그런 의미의 메시지를 담았다고 본다. 이렇듯 모순법은 강한 이미지를 만들어 내는 힘을 가지고 있다.

여울 소리 / 이근모

계곡을 흘러가는 맑은 물, 여울은
가진 속 훤하게 비추고 흐르며
뒤돌아 볼 줄 모르고 앞만 보고 달린다.

물살이 흐르면서 뒤돌아 본다는 것
대관절 그런 것이 가능한 일이던가
순리로 따져보면은 그런 일은 없겠지.

세태와 어우르며 비바람에 찌든 여울
마음은 독야청청 올곧은 길 걷는데도
뒤돌아 보았다면서 모사꾼들 쑥덕인다.

세태가 흘린 날들 여울에 흘러가고
누구도 그 여울을 잡아보려 애쓰지만
손가락 사이사이로 쏜살같이 빠져간다.

아무도 잡지 못한 흐르는 물살을
뒤돌아 보게 하려 역풍을 불고 있는
헷가닥 돌아버린 자, 제 미친 줄 모르고…

이 시는 시조시다. 먼저, 이 시를 쓴 배경에 대하여 언급을 해 본다.

민주주의의 발달과 지방자치제도의 발달로 선거가 빈번하다 보니 선거 풍토가 빚어낸 질서는 어두운 면이 더 많이 부각 되고 이 어두운 면이 당연시 되는 것이 요즘의 사회 현상이다.

이러한 현상들이 사회의 조그마한 사적인 단체에도 그 단체의 장 선거를 실시하면서 같은 목적을 갖고 활동하는 회원들이면서 상대 후보 진영을 헐뜯고 폄하시키고 허위 사실을 실제인 양 시나리오까지 작성하여 모략마저도 서슴지 않은 행태를 보면서 써본 시조시다.

사적 단체의 회원들이라면 평소에 회원 활동을 같이하면서 회원 모두, 서로의 성격이나, 능력, 그리고 사람됨을 굳이 알리려 하지 않아도 다들 알고 있는 것이기에 그 단체를 이끌어 갈 앞으로의 비젼 제시가 중요하는데도 이러한 비젼 제시는 뒤로 한 채, 사실 무근한 시나리오로 소설을 쓰는 그 작태들이 너무나 한심하고 나 또한 그러한 경험을 몸소 겪은바 있어 화자의 이야기를 빌어서 써 보았던 것이다.

이 시조에서 모순법을 사용한 시어는 '물살이 흐르면서 뒤돌아본다는 것' 이라 할 것이다.

이상 소개한 나의 졸시가 과연 모순어법의 기법을 사용한 시인가 하는 물음에 대하여는 나도 확실하게 대답을 드리기에는 자신이 없다. 왜? 사람마다 보고 느끼고 하는 시각과 감성이 다르기 때문이다. 이는 오직 독자 여러분의 판단에 맡기고 나의 시 감상 체언을 마친다.

3. 맺음 말

모순의 의미와 문학에서의 수사법으로 모순어법 또는 모순법을 활용한다는 내용을 나름대로 기술해 보았다.

모순법은 단순히 시어 자체에서 숙어처럼 쓰여 질 때도 있지만 시어 자체에서는 모순법의 싯귀를 찾아 볼 수 없어도 시문의 전체적 메시지에서 모순법적으로 쓰여 질 때도 있다. 그러므로 단순히 시어 자체에서 모순법을 찾으려 하지 말고 그 시문 전체의 메시지까지도 살펴보아야 할 것으로 본다.

시 창작에서 모순어법을 사용하려 할 때 없는 것을 새롭게 만들어 내어 신선한 충격을 주는 것도 좋지만 꼭 이렇게 없는 것을 만들어 내려 하지 말고 있는 것들을 찾아내어, 발견하는데 더 노력해야 할 것으로 본다. 이러한 모순법은 여는 말에서 살짝 언급하였듯이 사물을 묘사하는 기법에서 강력한 이미지 생성은 물론이요 모순되는 양자가 서로 양립하지 못하면서도 공존함으로써 모순이 담고 있는 철학적 사고를 깨달음의 수양으로 삼아야 할 것이다 그리하여 이 깨달음은 자신을 관리하는 보물이 된다고 본다.

모순어법을 자세히 들여다보면 그 중심에는 자기 자신이 있는 것이다. 그렇다고 자기중심적 사고와는 그 개념이 다름을 알아야 한다. 창과 방패를 각기 따로 서로 다른 상대자가 한가지씩만 들었을 때는 서로 적이 되지만 이를 한 사람이 두 개 다 들었을 때는 자신의 공격과 방어를 할 수 있는 물건이기에 중심이 자기라는 것이다. 하여 이 모순어법은 삶을 풀어가는 수도자의 길과 같은 것으로 보아야 하며 모순법을 동원하는 사물의 리얼리티는 단순한 사실적 묘사가 아닌 자신의 가슴속에 있어야 한다는 나의 의견을 피력하면서 본 주제의 이야기가 독자 여러분에게 너무 딱딱한 느낌을 주었을까 하는 생각에 그 딱딱함을 웃음으로 풀어보시라고 조용한 웃음 하나 얹어놓는다.

–인류의 탄생 이후 역사상 가장 행복한 여자 둘이 있었다고 합니다. 이 두 여자는 바로 에덴동산의 이브(Eve)와 예수의 어머니 마리아(Maria)라고 합니다. 왜냐하면, 이브는 남편이 있으나 시어머니가 없고 마리아는 아들이 있으나 며느리가 없으니 이 두 여자는 스트레스 받을 일이 없어 가장 행복했다고 합니다.

이 우스갯소리는 오늘날, 우리의 사회상 일부의 가치관을 패러디한 일침으로 단순히 웃자고 하는 소리는 아니라고 본다.

카타르시스[Katharsis, Catharsis]와 힐링[Healing]

1. 여는 말
2. 카타르시스 기법을 차용한 시 감상
3. 맺음 말

카타르시스[Katharsis, Catharsis]와 힐링[Healing]

1. 여는 말

아리스토텔레스의 시학에 카타르시스(Katharsis, Catharsis)라는 용어가 나온다. 아리스토텔레스가 비극의 정의로 카타르시스라는 용어를 사용하였는데, 이 용어는 정화라는 종교적 의미로 사용되는 한편, 몸 안의 불순물을 배설한다는 의학적 술어로도 쓰인다.

문학적 측면에서는 진정한 비극이 관객에게 주는 효과를 묘사하기 위해 사용한 은유로 이 효과를 통하여 마음속에 억압된 감정의 응어리를 행동이나 말을 통하여 발산(배설)함으로써 정신의 균형이나 안정을 회복(정화)하는 일로 스트레스 해소를 할 때도 이 카타르시스 기법을 사용한다.

하여 나는 스트레스가 쌓이면 카타르시스 기법을 차용한 시(詩)를 통하여 분노, 슬픔, 이런 것들을 배설한다.

가장 최악의 분노, 화가 치밀 때 그 분노를 어떻게 다스릴 수 없을 때 감정의 소유자인 보통의 사람들은 일방적으로 욕부터 나오는 것이 당연하다. 그렇다고 무작정 욕을 한다고 해서 스트레스가 해소되는 것이 아니고 자신의 인격에 먹칠을 하는 결과만 낳을 뿐 아니라 타인으로부터 저질 인생으로 낙인을 찍히기 십상이다.

이럴 때 우리는 스트레스를 해소시키며 자신을 정화할 수 있는 글을 접하여 조용히 마음을 다스림으로써 남들로부터 신망과 존경을 받는다. 비록 시에서 욕을 사용한다 해도 막말식으로 하는 욕보다는 다듬어진 글로 욕을 표현하면 독자들로 하여금 웃음과 위안을 주는 효과를 가져 오기에 거부감을 주지 않고 마음의 균형과 안정을 되찾을 수 있다고 본다.

이러한 나의 소견을 피력하면서 졸시 몇 편을 소개한다.

2. 카타르시스 기법을 차용한 시 감상

졸시 감상과 아울러 시작 노트를 첨언함으로써 카타르시스를 해소한 배경을 이야기해 보고자 한다. 독자 여러분의 양해를 구할 점은 시의 이야기가 시속의 화자의 이야기로 만들어내지 못하고 시인의 직설적 언어로 이야기했다는 것인 바, 그러나 같은 처지에 놓였던 경험의 독자라면 공감을 해 주시리라고 본다.

화(火)의 언어 / 이근모

죽은 나뭇가지를 만지고 있는 햇살 앞에
나의 죽어버린 좆을 꺼내 놓았다
이럴 때 내가 외치는 큰소리 한 마디
「좆같이 씨팔」
그러면 그 햇살이 내, 죽어있는 연장을
어루만져 줄 것 같았다.

내가, 너와 입 박치기 할 때
공자가 된다는 것은 거짓이다.
이 세상 없는 언어들로
허공을 향해 칼을 가는 놈
이럴 때 내가 질러대는 소리
「에이 씨팔아」

내가 뿌린 욕씨앗을 잉태 했나?
부메랑으로 돌아오는「좆같이 에이 씨팔」이
칼을 간 놈의 입을 통과하여
다시 나의 달팽이관을 휘감는다.

그래 풀어라
너도 풀고 나도 풀고
카타르시스 화의 언어
좆같이 씨팔이 서로를 병들게 하나니….

MBC에서 한글날 특집으로 "말의 힘"이라는 다큐를 제작하여 유튜브(You Tube)에 올려놓은 것을 영상과 함께 감상할 기회가 있었다. 그 내용을 여기에 간략하게 소개해 본다.

쌀밥을 막 지어 두 개의 유리그릇에 담아 하나는 좋은 말이라 쓴 스티커와 또 하나는 나쁜 말이라 쓴 스티커를 각각의 유리그릇에 부착 후 유리그릇을 사내의 직원들에게 나누어 주고 한 달 동안 '좋은 말' 스티커가 부착된 유리그릇에는 "사랑해" "고맙습니다." "예쁘다." 등 좋은 말만을 하도록 하고 '나쁜 말' 스티커가 부착된 유리그릇에는 "짜증나" "미워" "네가 싫어" 등 듣기 싫은 나쁜 말만을 하도록 하였는데 좋은 말 유리그릇 속의 쌀밥에서는 하얗고 뽀얀 곰팡이가 생성되면서 구수한 누룩 냄새가 나는 반면 나쁜 말 유리그릇 속의 쌀밥에서는 짜증나는 곰팡이가 까맣게 생성되면서 그 쌀밥이 썩어 있었다고 한다.

이렇듯 말의 힘이라는 것은 우리의 인간 뿐만 아니라 우주 만물을 다스리는 힘을 가지고 있다 하겠다. 위의 시 "화의 언어"는 비록 화자의 이야기를 빌어 순간적으로는 자신의 화를 배설하여 화의 응어리를 풀었다고는 하나 욕설이 담겨진 말이 결국엔 부메랑으로 자신을 병들게 하고 있는 것은 아닐까 하고 깊은 생각에 젖어 본다.

카타르시스(catharsis) /이근모

뱉으고 삼킴이 쓰고 단것만이 아니더라
너의 향기 분명 달콤하건만 삼키지 못함은,
너의 울부짖음 쓰고 또 써서 비장을 헤집는데도
뱉으지 못함은 무엇일까
이내 가슴 속삭임,
온밤의 서리 김 방울방울 맺혀 오는 가슴아
우리 오늘은 개가 되어 실컷 짖어 보자
짖다가 지치면 그때 비로소
네 똥구멍 내 똥구멍 핥아주며 운우지정에 젖어 보자
똥구멍 핥아 줄 때 똥이나 실컷 싸볼란다.
천고(天高)의 저 구름은 희더라
천저(天低)의 저 구름은 회색이더라
흰 것도 검은 것도 아닌 회색의 그 빛깔
천둥번개에 날려 보내고

걸친 옷 할랑 벗어 진정 참모습
더듬어 보자 보듬어 보자 영과 육체를
그리하여 오르가즘에 도달 할 때
우리 혼령 산산이 부서지도록 살라 버리자.

인간은 사회적 동물이며 정치적 동물이며 생각을 가진 동물이다. '나는 존재한다. 고로 나는 생각 한다.' 이 생각이 바로 실존을 의미하는 것이 아닐까?

'실존은 본질에 선행한다.'는 샤르트르의 명제와 같이 인간은 태어나서 요람으로 가는 그날까지 쉬지 않고 계속 싸우는 존재, 싸워야만 존재하는 숙명을 타고난 비극적 존재가 실존인 바, 이 싸우는 비극적 존재가 바로 부조리에 저항하는 인간상을 의미할 것이며 부조리와 싸우는 데 있어서 수많은 음해와 모략이 숨 쉬고 권모술수가 판을 치고, 이러한 것들을 몸소 겪은 어려움과 함께 받았던 스트레스를 시적 정화감을 통해 해소해 보고자 화자의 이야기가 아닌 시인의 이야기로 쓴 시다.

카타르시스는 자칫 시인의 이야기로 전락할 위험성이 있으나 억압된 감정의 응어리를 행동이나 말을 통하여 발산(배설)함으로써 정신의 균형이나 안정을 회복(정화)하는 데는 도움이 되리라 본다.

영혼 / 이근모

온밤을 지키는 작은 촛불 하나
어둠의 심지를 바작바작 태우고
어떤 영혼 하나

타들어가는 촛불 앞에서
누군가의 영혼을
아삭아삭 씹고 있다

인연으로 열리는 우주는
천당과 지옥의 갈림길에서
번지점프 즐기는 마법사
그대 영혼 언제나
외줄 잡고 여행한다
뺏은 자 빼앗기고
빼앗긴 자 뺏으니
세상만사 알고 보면
수만 고개 수수께끼

오!
촛농의 아픔 쏟아
허기진 영혼을 넘치도록 채우는
그대들, 악마인가 천사인가?

지방 자치가 시작되고 교육자치도 광역자치가 되면서 그 지방의 교육 수장을 선거에 의하여 선출하게 됨에 따라 새로운 풍토가 공직 사회에 형성 되었는바 바로 줄서기 풍토였다.

이 줄서기 풍토는 공직 사회의 윤리와 도리가 겉치장에 불과 하다는 것을 깨닫고 써본 시다.

공무원은 국민의 공복으로 어느 쪽에도 줄을 서지 않는 중립 의무를 가져야 한다는 학교 공부는 심서로만 존재하고 실제로는 사회 공부가 적용되고 보니 업무 보다는 줄서기가 더 대우 받아서 이 줄서기 우등생이 업무처리 우등생이 되는 작태가 한심하여 이 시를 통하여 억압된 감정을 배설해 보았던 것이다.

그런데 이와 유사한 행태가 공무원 사회만이 아니고 어느 단체에나 있기에 이에 대한 심정을 읊은 졸시를 시작 노트 없이 여기에 소개해 본다.

기술 그리고 예술 / 이근모

돈을 버는 것은 기술이요
쓰는 것은 예술이다.

시도 쓰는 것은 예술이고
문학상 타는 것은 기술이다.

기술 없는 예술인아
아예 상 타는 걸 바라지 말라.

그대가 죽은 후에 비로소 빛나나니
그저 죽는 기술이나 익혀라.

그렇다고 죽는 기술 익히면서
죽어지내지는 말라.

기술도 예술도 없는
쫌팽이가 되나니.

꿈꾸는 블랙홀 / 이근모

가슴이 텅 비어 있다
이 텅 빈 가슴에 채워지는 것
그것은 너를 향한 절규였었다

절규의 무게만큼 가슴이 무겁게 채워지면
캡슐에 밀봉된 약가루들의 저항처럼
산산이 부서진 가슴은 가루가 되어 분사했다

그때마다 블랙홀 같은 아득한 공간에는
표현할 수 없는 통증이 채워지곤 했다
이것이 너와 나의 연줄이라면
무덤의 구덩이를 파는 일이다

서로의 가슴에 찍힌 상처는
진실을 외면하고
허상을 실상처럼 진술하는 오만은
나를 통곡케 하고
그 통곡을 달래는 가슴,
너무나 따끔거린다

내 맑은 영혼을 대변할 탯자리 별이
울고 있는 것을 너는 바라본 적 있는가

저기 손짓하는 블랙홀에
내 영혼을 던져야 할 것 같다

그래야 너는 그 우는 별을
바라볼 것 같으니
나 또한 평온이 올 것 같으니.

꿈이 큰 사람일수록 알고 보면 가장 마음이 여린 사람이다. 또한 이러한 사람들은 타인으로부터 인정을 받는 것을 가장 큰 영광으로 안다. 그리고 거짓을 모르고 본의 아니게 오해를 불러 일으킬 언행을 하면 자신을 주체하지 못하고 당혹스러움과 아울러 뒤로 숨기에 바쁘다. 그리고 또한 이런 성격의 소유자는 주관이 뚜렷하고 결백증이 너무 강해 조그마한 실수도 용납하지 않을 뿐 아니라 행여 자신의 결백에 의심을 받으면 화를 참지 못하고 그 어떤 것도 자신의 결백이 거증 않될 경우, 엉뚱한 돌출 행동을 일으킬 우려가 있다. 화자의 심정도 아마 이러하지 않았을까….

잡초의 노래 / 이근모

자유를 구속당한 자여
나에게로 오라
나는 규정되지 않는 자유인.

능력을 인정받지 못해
자살을 꿈꾸는 자여
나에게로 오라
나는 짓밟히고 짓밟혀도
생명을 잃지 않는 프로메테우스.

규범에 얽매여 도전을 포기한 자여
나에게로 오라

그리고 누군가를 짓밟아
높이 오르고 싶은 자여
그대 역시 나에게로 오라.

독수리
쇠스랑 발톱으로 내 뿌리 호미질해도
날카로운 부리로 내 간을 쪼아대도
내가 드러눕는 길 안내 따라
유유히 흐르는 바람처럼
그대 혼 푸르게 푸르게 젖을 테니까
젖을 테니까.

40여 년의 공직 마감을 앞두고 자유인으로 돌아가는 홀가분한 마음 한편에는 아쉬움과 서운함도 함께 있었다. 그러한 가운데 자유인이 되는 기분은 비록 내가 퇴직 후 잡초밭에 뒹구는 그런 처지가 되더라도 비가 오면 비에 젖고 맘껏 푸르르며 어떤 짓밟힘에도 살아가는 의지로 주눅이 들지 않을 새로운 삶의 각오와 함께 욕심을 비움으로써 마음을 정화하고자 쓴 시다.

껍데기여 오라 / 이근모

시를 읽는다.
'껍데기는 가라'
'알맹이만 남고'
'아우성만 남고'
'향기로운 흙가슴만 남고'

껍데기는 다 가버렸다.
진짜배기만 남았다.
알맹이만 남고 보니
똥장군 짊어질 사내가 없었다.
함지박 이고갈 처자가 없었다.

배달의 순수 사라지고
다문화가 야금야금
한라에서 설악까지
향기로운 흙가슴을
갉아먹고 있었다.

버려진 껍데기들
투전판 감초로 타락하고
이마저 갖지 못한 자들
넘어지고 깨어진 상처투성이로
바가지를 뒤집어 써야 했다.

향기로운 흙가슴이여
알맹이여 아우성이여
따돌린 껍데기들
그대들이 불러요.
그대들이 아우러요.

껍데기여 오라.

신동엽 시인은 우리 교과서에 민족시인이라는 이름으로 소개되면서 그의 시 '껍데기는 가라.' 라는 시가 유명하다. 먼저, 신동엽 시인의 시 '껍데기는 가라.' 의 시 감상과 함께 그 시의 메시지를 이야기한 후 나의 졸시 '껍데기여 오라' 라는 시작 노트를 이야기할까 한다.

껍데기는 가라 / 신동엽

껍데기는 가라
4월도 알맹이만 남고
껍데기는 가라

껍데기는 가라
동학년 곰나루의
그 아우성만 남고
껍데기는 가라
그리하여 다시
껍데기는 가라

이곳에선 두 가슴과
그곳까지 내 논
아사달 아사녀가
중립의 초례청 앞에 서서
부끄럼 빛내며
맞절할지니

껍데기는 가라
한라에서 백두까지
향기로운 흙가슴만 남고
그 모든 쇠붙이는 가라

이 시에서 신동엽 시인이 그토록 가라고 외쳤던 '껍데기' 는 무엇이었을까? 여기서 시인이 지칭하는 '껍데기' 는 우리 민족이 아닌 다른 외부의 힘을 지칭하는 말이라고 본다. 그리고 중립의 초례청에서 아사달과 아사녀가 혼례식을 치르는 것은 분단 극복, 곧 통일이라는 시인의 간절한 소망을 상징하는 것 일 거다.

외세의 힘에 의해 세워진 나라가 아닌 우리 민족의 힘만으로 통일을 이루고 우리 민족의 힘으로 잘 사는 나라를 세우자는 외침이 이 시 속에 녹아 흐르고 있다 할 것이다. 또 "향기로운 흙가슴만 남고/그 모든 쇠붙이는 가라."에서 시인이 말하고자 하는 '흙가슴' 과 '쇠붙이' 의 의미에 대해 다시 한번 생각해보게 하는 구절들이다. 그러면 우리가 지금 살고 있는 이 현실에서 '흙가슴' 은 뭐고 '그 모든 쇠붙이는 뭘까" 에 대해 고민해야 하는 것은 우리에게 남겨진 숙제다. 〈충남도청 동행블로그 「사유가 머무는 풍경」 글에서〉

신동엽 시인의 시 '껍데기는 가라' 와 나의 졸시 '껍데기여 오라' 와는 그 전하는 메시지와 이미지가 다르다. 글자로서는 똑같은 껍데기이지만 시가 그리고 있는 이미지와 전달되는 메시지는 확연히 다르다는 뜻이다.

일반적인 사회건 아니면 어떤 조직체의 단체이건 구성되는 계층 구조는 피라미드형의 삼각형을 이루고 있을 때 그 구성은 이상적이고 조직의 신진 대사도 원활하게 이루어진다고 본다. 그런데 작금의 우리나라의 사회 구조는 어떠한가? 산업화로 국민소득이 높아지고 삶의 질이 향상되고 인간의 존엄성과 지적 수준이 높아지면서 상향 평준화가 되다 보니 모두가 잘났고 소위 3D[1] 기피 현상이 되고 보니

주1) 3D : 더럽고 위험하며, 어려운 분야의 업종을 통틀어 이르는 말. dirty, dangerous, difficult의 앞글자를 딴 것이다.

다문화가정이라는 현상이 대두하고 다문화가정에 대한 정책이 필요하게 되었고 이 다문화가정을 우리 민족화 하는데 백년대계와 같은 정신이 있어야 하고 이런 현상 속에서 소외 계층이 생성되고 사회 전반에서 위기 아닌 위기가 만연되었다 해도 과언이 아니다.

신동엽 시인의 시 “껍데기”는 외세의 힘을 의미하지만 나의 졸시 “껍데기”는 3D 업종에 종사할 수 있는 그런 사람을 그리고 인텔리만을 요구하다 보니 인텔리가 감당할 수 없는 그런 일을 감당할 사람도 필요하다는 의미의 메시지를 담은 것이다. 그리고 또한 사회의 낙오된 사람을 우리는 껍데기라 천시하지 말고 이들을 아우르자는 메시지도 함께 담았든 것이다.

그리고 이 껍데기들의 힘이 얼마나 위대하는가를 알게 하는 것으로 고스톱 놀이를 해 본 사람이라면 다 알 수 있으리라 보고 “투전판 감초” 라는 시어를 사용하였는 바 이 위대한 힘을 투전판이 아닌 사회 건설과 발전의 역군으로 하도록 하자는 메시지를 담아 카타르시스를 해소 시켜본 시다.

흔들린다는 것 / 이근모

흔들린다는 것
그것은 나의 줏대였어
그저 말없이 숨겨놓은 고독이요 아픔이었지.

흔들린다는 것
그것은 진실의 상처였어
상처가 피워내는 눈물의 꽃이고

흔들린다는 것
그것은 수 갈래 길에 서서
길을 찾아 헤매는 길손의 이정표 같아서

흔들린다는 것
그것은 고독을 모으고, 슬픔을 모으고, 아픔을 모아
세상을 끌고 가는 바퀴였었지.

흔들린다는 것
그것은 서걱거리며 구르는
바퀴에 걸친 지축의 울음 같은 것이지.

하여, 나는 오늘도
흔들흔들 둥글둥글 흔들려 보는 거야
지축 위에 홀로 서서, 지축 위에 홀로 서서.

흔들린다는 것, 흔들리고 싶을 때가 있다. 가슴에서 들끓는 분노를 삭혀야 할 때 나는 흔들리고 싶다. 너와 나의 관계가 아닌, 우리라는 개념에서 터득한 삶의 지혜를 너는 모르고 있었다. 자신의 이익만을 자신만을 너는 내세웠다. 종국엔 엄청난 파장의 파멸만이 오는 것을 지천명의 나이임에도 너는 모르고 있었다. 타산지석의 깨우침을 모르고 있었다. 몸소 아픔을 겪고 나서야 깨우치는 그런 인간이었다. 오직 자신만을 위하는 이기심이 너를 그렇게 만들지는 않았을 터…

주변의 입에 침 바르는 소리에 현혹되어 착각을 착각 아닌 실제인 양 오만해지는 너를 친구로서 조용히 정리하기로 했다. 나는 이미

알고 있었다. 그저 조용히 지켜보았을 뿐이다. 그의 본심이 무엇인가를 알기 위해...

그래 조용히 정리하자. 실제로 경험하게 함으로써, 무엇이 진정이고 무엇이 진실이며 무엇이 그를 위한 것인가를 스스로 깨닫게 하자.

도저히 지울 수 없는 나의 추락한 자존심, 잊도록 노력은 하되 지우지는 말자. 그래 인생은 흔들리는 것이다. 갈대의 흔들림처럼 그러나 뿌리는 언제나 정위치에 서서 그렇게 흔들리는 것이다. 흔들림은 잊는다는 것이다. 그러나 지우지 않는다는 것은 뿌리인 것이다. 마냥 흔들리고 있는 갈대와 그 뿌리 같은 흔들림의 철학으로...

이것이 '흔들린다는 것' 에 대한 나의 졸시 시작 노트인 것이다.

3. 맺음 말

이상 8편의 졸시를 소개 하면서 많이 망설였다.

각자가 바라보는 시야에 따라 주제와 시가 따로 논다고 흉볼까 싶어…

위의 8편의 시 중에서 「화의 언어」는 최근작으로 미발표작이고 충분히 독자님의 이해로 손가락질 받지는 않을 것 같아서 본 지면을 통해 발표를 하니 독자 여러분의 해량을 바라면서 와이담 하나 얹어 여러분의 웃음소리 크게 한번 듣고자 한다.

- 결혼 전과 결혼 후 -

★결혼 전... ↓ 방향으로 읽으시오!

남 : 아! 좋다~

여 : 당신, 내가 당신을 떠난다면 어떡 할거야?

남 : 그런 거 꿈도 꾸지 마!!

여 : 나 사랑해?

남 : 당연하지! 죽을 때까지!!

여 : 당신, 바람 필 거야?

남 : 뭐? 도대체 그딴 건 왜 묻는 거야?

여 : 나 매일 매일 키스해 줄 거야?

남 : 기회 될 때마다!

여 : 당신 나 때릴 거야?

남 : 미쳤어? 사람 보는 눈이 그렇게 없어?

여 : 나 당신 믿어도 돼?

남 : 응.

여 : 여보 !

★ 결혼 후...

↑ 방향으로 읽으시오!

상상과 상상력
– 상상력을 확장해 주는 시

1. 여는 말
2. 상상력을 확장해 주는 시
3. 맺음 말

상상과 상상력
– 상상력을 확장해 주는 시

1. 여는 말

시 창작에 관하여 강의를 하는 시인 모두, 시를 쓸 때는 수학의 정답 같은 글이 아닌 독자로 하여금 사고하며 상상력을 부여받을 수 있는 시를 써야 한다고 말을 할 뿐 아니라 이를 시 창작의 기본 ABC로 삼아야 한다고 강조를 한다. 그러면 여기서 상상력이라는 것은 무엇을 말하는가? 이 개념 정리를 하고 나서 이야기를 전개할까 한다.

먼저 상상(想像)이라는 낱말의 뜻을 알아보면 '아직 일어나지 않는 일이나 존재하지 않은 대상을 머릿속에 그려 보는 것' 이라고 정의하며 심리적으로 '현재의 머릿속에 없는 표상(表象)을 만들어 내는 마음의 작용' 을 의미한다. 또한, 상상력(想像力)이라 하면 일종의 철학적 의미를 담고 있는 말로 '상상을 하는 능력' 을 말한다.

누구나 다 상상은 할 수 있다. 그러나 그 상상을 얼마만큼 확장시켜 나갈 수 있는가는 그 상상을 확장시킬 수 있는 능력, 즉 상상력에 달려 있다고 본다. 그리고 이 상상력은 누구나 다 똑같은 능력이 되는 것이 아니고 개인차가 있다고 본다. 그러기에 이 상상하는 능력을 키우는 사람은 더 좋은 글도 쓸 수 있고 그런 글을 접했을 때의 감상 능력도 뛰어날 것이다. 이러한 전제하에 주제의 이야기를 펼쳐 볼까 한다.

2008년 10월 9일자 한겨레 신문에서 안도현 시인의 문학칼럼을 읽었던 기억을 되살려 본다. 그 칼럼의 핵심은 '단순하고 엉뚱한 상상력으로 놀아라.' 라는 것이었다. 그 칼럼의 서두가 주제에 관한 핵심을 그대로 나타내고 있어 그 당시 그 서두 글을 메모해 두었던 것을 여기에 먼저 소개해 본다.

「비유는 일상적 언어 규범에서 일탈해 새로운 의미를 형성하는 언어 용법이다. 은유, 직유, 재유, 환유의 뒷글자인 유(喩)는 '말하다' 는 뜻의 '구'(口)와 '옮기다' 라는 뜻을 가진 '유'(兪)의 결합이다. 즉, 비유란 말의 원래 뜻을 옮겨 다르게 표현하는 것이라는 뜻이다. '개나리꽃은 노랗다' 는 일상 언어를 '개나리꽃은 병아리 부리다' 라는 비유적 표현으로 바꿔보자. 이 병아리 부리 속에는 노란 색깔 이외에도 개나리꽃의 모양, 꽃잎의 연약함, 봄의 이미지 등이 첨가된다. '노랗다' 는 일상 언어의 평이함이 전면 확장되어 의미의 전이가 이루어지는 것이다.」

위의 글은 비유의 개념을 확실하게 손에 잡을 수 있도록 설명을 해 주었을 뿐만 아니라 그 비유로 인하여 독자로 하여금 무한한 상상력을 확장시킬 수 있는 맛을 보여 주었다는 것이다. 이렇듯 대상과 대상을 연결하는 비유에서 일부러 꼬이게 하고 비틀고 덧칠하지 않아도 얼마든지 상상력을 확장시킬 수 있다고 본다. 아마 그래서 안도현 시인도 "꾸미지 않고 단순하고 엉뚱한 상상력으로 놀아라" 하고 주문하였다고 본다.

상상력의 확장에 대한 나의 소고를 여는 말을 통하여 언급하였다. 주제와 관련 있는 시 인지는 독자 여러분의 판단에 맡기면서 나의 졸시 몇 편으로 상상력을 확장시키는 시를 감상해 볼까 한다.

2. 상상력을 확장해 주는 시

시를 읽고 감상하면서 그 시에 대한 이미지와 메시지를 독자 여러분의 상상에 맡기기 위해 가급적 시작 노트 또는 시 감상에 대한 설명을 피하고 그저 시만 올리는 것으로 할까 하였으나 여러분의 시 감상을 통한 상상과 나의 시작 노트가 어떻게 다르고 차이가 있는가를 비교해 보시라는 뜻에서 간단히 시와 함께 시작 노트까지 기술해 본다.

12월32일 / 이근모

그는 근로자 대기소 앞을 떠나고 있었다
새벽 별빛 밴 검정 운동화도
그를 따라 떠나고 있었다

커피 자판기 앞에서 뒹굴던
일회용 종이컵들도
함께 떠나고 있었다

인스턴트 커피향과 공사장 분진으로
두껍게 배어있던 작업복도
오늘만큼은 가볍다

새벽이슬 옷깃에 적시며
목 늘어놓고 기웃거려야 했던
일당쟁이 설움도 그 어디에 없는
자판기 동전 쏟아지는 소리만이
시간 멈춘 시계의 초침 소리 대신하고

태양마저도 억겁으로 불 지핀
세월 힘겨워 모습 감추는 오늘은
삼라만상 모두 한 가슴으로
심장의 맥박 같이하는 12월 32일.

우선 이 시에서 밑줄 부분의 단어, 검정운동화, 커피자판기, 일회용 종이컵, 인스턴트, 공사장 분진, 일당쟁이 설움, 자판기 동전, 시간 멈춘 시계, 등 IMF 이후 지금의 직장 현실과 기층민중들의 암담한 삶을 표상 해보고자 나열해 본 단어들이다. 핏기없이 소모되어가는 레디메이드[1](Ready_Made) 인생의 그 암담한 현실을 아우러지게 하여줄 그날을 기대해 볼 때, 과연 그런 날이 올까? 현실에선 없겠지만 마음만은 그런 날을 기대하고 만들어 보자는 의미에서 달력에 없는 한해를 마무리하는 12월 32일을 택하여 써 본 글이다. 그런 날의 상상은 어쩌면 현실로 다가올 수도 있기에...

이 시의 작성 배경은 당시 내가 근무하던 '광주학생교육문화회관'의 일부 업무가 민간위탁으로 운영되고 있었는데, 민간위탁의 본래

주1) 레디메이드(Ready_Made)란 원어 그대로 해석하면 '이미 만들어진' 이다. 프랑스의 미술가 마르셀 뒤샹이 창조한 미적 개념의 용어다. 사전적 의미로는 '기성품의', '전시용품의' 작품이라는 뜻이다.

의 취지와는 달리 모든 운영비와 인건비를 보조해 주면서, 거기서 얻어지는 수익금이 모두 민간위탁자에게로 돌아가는 불합리성을 시정코자 민간위탁을 직영으로 돌리는 과정에서 민간위탁자에게 채용되었던 근로자, 그들의 처리 문제를 고심하면서 썼던 시이다.

토담집 영혼 / 이근모

토방의 흙 냄새 문틈으로 스며든다.
스며드는 흙 냄새로 살 비비며 내일을 걱정하던 아내,
어느 날 갑자기 끼니를 이어주던 산나물 대신 앞산의
큰 바윗덩어리 하나 가져와 자신의 허파 속에 살게
하더니 그 혼백은 바위가 살던 자리로 여행을 떠났다.

슬픔은 토담집 영혼의 이브자리에 파고든 등잔 같았다.
이웃집 전깃불은 밝기도 한데 토담집 단칸방 등잔불은
침침하기만 하다.
침침 속에 젖어드는 고요는 언제나 쓸쓸하다.
기름도 바닥나 등잔불마저 꺼진 방안의 어둠은 오히려
눈부셔 온갖 상상의 나래 휘몰아 목이 긴 슬픈 목덜미로
하루를 지탱하던 의식들을 꾸역꾸역 삼키고 있다.
토담집 영혼은 매일밤 온몸에 어둠을 걸치고 여행을 한다.
쓸쓸한 그의 영혼,
토방의 흙냄새를 가슴에 두르고 소똥 밟았던 아내의 신발도
향기로와 토방 위에 소중히 올려놓는다.

아버지와 어머니는 두 살 터울이다. 아버지께서는 연세 59세 되던

해 어머니는 57세의 짧은 생을 폐암으로 마감하였다. 한 때는 인근의 옹기종기 모여 있는 8개 마을의 공동생활권 내에서는 두 번째라면 서러울 부잣집이었는데, 내가 중학교 진학할 쯤에 정치병에 물든 나의 아버지는 모든 재산을 날려버리고 빚더미에 앉아 5칸 접 집 솟을대문 집을 처분하고 조그만 토담집을 마련하여 그곳에서 생활하던 중 내가 성년이 되어 공직 생활을 막 시작할 무렵 폐암과 투병하시던 어머니는 치료다운 치료 한번 제대로 받아 보시지도 못하고 소천 하셨던 것이다.

그 당시 건강보험제도가 없다 보니 부모 형제를 부양하는 나의 박봉이 의료비를 감당할 힘도 없었지만 암에 대한 의료기술이 지금처럼 발달되지 못한 때이기도 하였기 때문이다. 선친께서는 그 후 어머님과 사별하신 후 30 여년을 더 장수하시고 소천하셨는데 항상 어머님을 고생시킨 후회감에서 당신 님의 아내를 못잊어 하셨던 나의 아버님을 생각하며 쓴 글이다.

해창만 추억 / 이근모

갯내음 물씬 물씬 밀물과 썰물이 교차하던
해창만[2] 포구는 아련한 추억의 산실이 되었다.
갯벌 향하여 터뜨리는 다이너마이트 소리에
눈물 머금고 텟자리를 내주어야만 했던 갯내음은
마지노선 같은 방파제에 기대어 슬피 울어야 했다.

가을이 익어 가는 날

주2) 해창만 : 전남 고흥군 포두면에 위치함. (지금은 간척지가 되어 이름만 있고 만은 없음)

아득하게만 보이는 푸른빛이 너무 시리어
모람모람[3] 하늘 에도는[4] 구름은 햇살을 꼬여서
여름 먹고 통통하게 살찐 벼이삭 그림자를
소리 없이 낚아채어 노란 융단으로 깔아 놓는다.

들판을 가로지르는 강줄기 따라 늘어선 갈대는
고향 노래 부르며 이주의 한을 달래고 있고
어깨에 짊어진 삶의 무게 버거워
마을 어귀 당산나무 이파리에 재갈 물린 바람,
쉬는 것도 잠깐, 갈대의 유혹 뿌리치고
가는 길 재촉한다.

갯벌 굴쩍에 발바닥 베어 가며 멱감던 어린 시절
그리움 달래려 해창만 들녘을 거닐어 보건만,
포구 언저리 맴돌며 만선의 뱃고동과 어우러지던
물결은 어디로 가고 풍년가 갈 곳을 찾지 못해
통곡으로 피어난다.

근대화의 물결에 떠밀려 피폐해 가는 고향에 바친 애가(哀歌)이자, 헌가(獻歌)로 노래한 시다. 가슴속 아련한 파문을 일으키는 여운을 이끌어 보고자 써본 시다. 그 여운 안에서 고향의 엘리지(Elegy)[5]를 상상으로 확장시켜 보기 위해….

주3) 모람모람 : 가끔가끔 한데 몰아서.
주4) 에도는 : 곧바로 나아가지 않고 멀리 피하여 돌다.
주5) 엘리지 : ① 비가 ② 애가 ③ 만가, 만가[애가]조의 시.

세월을 낚는다 / 이근모

세월을 낚으려면 먼저
마음을 비워야 한다
비워내지 않고 채우려고만 한다면
그 세월을 채울 공간이 없으리라

비움 가운데 바라보는 세상이
제대로 보여지는 세상이요
거기 보약으로 다가오는 대어가 있으리라

희망과 슬픔이 살다간 자리
진실과 믿음이 서로 만나는 자리
그리움은 빈 달빛으로 쌓이고
기다림은 채워지기를 바라는 꿈이 되리라

그리하여 우리들은 그 어느
인연의 끝에서 흔들리는 풀꽃으로
조그만 그리움을 낚는 것이다

진실한 사람과 만나고 싶다면
빈 마음으로 세월을 낚을 줄 아는
그대는 인생의 낚시꾼
한 줄기 빈 마음을 낚을 줄 알아야 한다

눈앞의 이익만 좇아

세월의 낚시터를 옮겨다니는 자
그 찌가 솟아오르는 날
대어는 놓쳐버리고 그대는
하나의 낚싯밥으로 사라지리니.

강태공의 낚시질을 당시의 일반인은 고기 낚는 것으로 보았을 것이다. 그 역시 세월을 낚고 있었는데…. 그래서 가장 하질의 낚시꾼은 고기요, 그 다음은 사람의 마음이요, 그리고 최상의 낚시는 아마도 세월이 아닐까?

채움과 비움을 조화롭게 다룰 줄 알 때 이 세상에서 제일 무서운 세월을 다룰 줄 알 것이라고 나만의 해석으로 써본 시다.

그 채움과 비움 안에서 우리의 상상은 무한한 날개를 펴는 것이기에….

이 시에서 확장시킬 수 있는 상상은 뭘까? 그것은 아마 세월이라는 단어 안에서 찾아야 하지 않을까 하고 제시해 본다. 세월은 '하이덱커'[6] 식으로 말하면 시간일 것이다.

'시간' 이는 바로 존재이자 인간 그 자체를 의미할 것이다. 유한성(有限性)에 서있는 우리 인간이 평생 줄서기나 하고 정승집 개 죽으면 문상 가는 그런 작태가 관료사회의 높은 직위 좋은 보직의 위치에 있는 자일수록 더 심함을 어느 회식자리에서의 아부 발언 작태를 보고 나만의 느낌을 적어본 아포리즘[7](교훈시)의 의미를 담아본 시로 그 아포리즘에서 상상을 확장해 볼 것을 권해본다.

주6) 하이덱커 :『존재와 시간』이라는 철학서를 편찬하여 세상을 흔들어 놓은 Freiburg 대학총장을 지낸 철학가.

주7) aphorism(아포리즘) : 격언 ,경구, 잠언, 즉, 짧게 생각을 함축하여 쓴 명언들이나 속담

봄의 소묘 / 이근모

반 평도 되지 않은 유리창 안에 광활한 우주가 물너울 친다.

아담과 이브의 공허가 밀애를 공모하며
파릇한 들판에 몽상(夢想)을 펼치고
그 너머 풍경,
시냇물 솟아오르고 산등성이 구름 타고 흐를 제
계곡을 달리는 바람꽃은
세속 등진 스님의 공양을 위해 뜸 들이는 김으로 피어오른다.

숲 속의 웰빙주택 빌라엔
유한부인(有閑夫人) 밥 타는 줄 모르고 콧노래 부르는데
논두렁 길, 새참 이고 가는 아낙의 함지박에서는
갈증이 배어있는 열무김치 싹이 튼다.

아지랑이 타고 돌아보는 봄나들이 길
매운 고추 울음으로 유리창에 머무는 무애(無碍)의 순간
눈(雪)빛 끌고 달려온 아담의 하얀 봄이
겨울 저쪽에 두고 온 이브의 풀빛 사랑 못 잊어
두견이 피리 소리로 버들가지에 걸터앉는다.

세상 모든 이치가 음양의 원리라 해서 남과 여, 남극과 북극 등, 극과 극이 있고 이 극은 서로를 끌어당긴다는 것이 일반의 상식, 아니면 진리다.

극과 극은 벌어지는 사이가 적당해야 된다. 그리고 그 극이 차지

하는 비중이 어느 한쪽으로 치우쳐지지 않아야 한다.

요즘의 사회 일반 현상, 특히 경제적 상황 그리고 정치적 상황, 이에 뒤질세라 줄서기 한 공직자들의 행태 모두가 양극화 현상으로 모 아니면 도라는 식이다. 이러한 현실을 나름대로 그려본 시다. 양극화를 없앤다는 봄소식은 한낱 허공의 메아리 일 뿐 푸른 봄 아닌 하얀 봄이고, 윤리성의 문제로 지탄 받는 아담과 이브가 공모하여 부자 되고 출세하는 세상, 놀고먹으며 투기에 밝은 졸부들, 유한부인 웰빙시대에 농촌 아낙의 고단한 삶...

진정한 봄은 언제쯤일까 두견이 피리소리가 버들가지에 걸터앉을 때쯤일까? 독자에게 판단과 상상을 유보해 본다.

메밀밭에서 / 이근모

산야초 영혼들이 햇살 몰고 와
고창 들녘 노릿노릿
가을을 여물게 한다

메밀밭 하얀 웃음
사잇길 놓아
이내 속 달빛을 마중하고
낙조(落照)는 구시포로 달려가
석쇠 달구어 전어를 굽는다

석쇠 그물 사이로 빠져나가는 갯내음
도솔 계곡 바람 타고
메밀 꽃향기와 열애를 할 제

별빛 불러 모은
선운사 주지 스님
산야초 넋들 위해
독경을 한다.

※ 이내 : 해질 무렵 멀리 보이는 푸르스름하고 흐릿한 기운

이 시 역시 앞에서 감상한 봄의 소묘와 일맥상통한다. 요즈음 유난히 소외계층이 급증하고 이에 대한 정부의 대책과 정책이 있으나 이 시를 쓸 당시(2006년 9월) 소외 계층이라는 용어가 생기기 전이였다.

산야초가 바로 소외계층이 아닐까 하는 예감이 문득 나의 뇌리를 스치고 지나갔다.

메밀밭 구경을 가자는 주변의 권유로 무심코 따라나섰던 고창의 메밀밭 축제, 그곳에는 전국에서 몰려든 관광객과 마침 무슨 영화인지는 몰라도 영화 촬영까지 하는 행사 때문인지 인파로 북적거리고 있었다.

고창 들녘의 벼는 풍년을 예고하고 있었고 메밀밭의 메밀꽃은 주변의 산야초(들풀)와 조화를 이루며 그 멋을 자랑하고 있었다. 그런데 관광객 모두가 그 행사의 주인공인 메밀꽃에만 관심과 찬사를 보내면서 메밀꽃과 함께하는 기념사진 찍기에 열중이었다.

메밀꽃의 기에 눌려 소외받고 있는 산야초들…

그들이 있기에 자연이 탄생하고 어우러지는데, 이것이 바로 작금의 사회라는 것을 느끼면서 소외받고 있는 국민을 달래줄 진정한 지도자를 상상하고 그려 보면서 쓴 시다.

퉁소 / 이근모

곧은 심지 하늘 향해
세상을 점령할 듯
영혼을 점령할 듯
마디마디 한을 맺고
마음 비운 너의 참뜻

너에게 둥지 틀고
참선(參禪)의 가부좌(跏趺坐)로
눈을 감고 바라보니
바람 붙들고
통곡하고 있구나

감아야만 들리는
너의 울음소리
무슨 설움 있기에
그렇게도
슬피 우는가

감아야만 보이는
너의 빈 마음
무슨 꿈 이루려고
그렇게도 힘차게
뻗고 있는가

가슴으로 말하는
너 앞에서
외길 걷는 나그네
울음에 빠져들어
눈을 뜰 수 없구나.

우리 민족은 恨을 가슴에 안고 사는 민족이다. 민족의 역사 자체가 바로 恨으로 엮어 있다. 이러한 한을 풀어내는 방법의 하나가 풍류가 아닐까? 그래서 우리의 선조들은 풍류를 즐겼을 것이고 이 풍류를 통하여 호연지기 같은 서로의 마음을 이심전심으로 풀어 갔을 것이라고 나름대로 생각을 해본다.

개인의 삶 역시 외롭고 허전함을 느낄 때 누군가와 이야기하고 싶고 그 상대에게 의지하고 싶을 때가 있다. 이럴 때의 심정은 눈으로 보고 귀로 듣고 하는 일상적인 방법으로는 해결하기보다는 눈으로 소리를 들어보고 귀로 빛깔을 보고 감은 눈으로 바람을 보는 오관의 작용을 통해 상상력 확장과 함께 자신의 심정을 달랠 수 있을 것이다.

하여 하루의 고독한 일과를 마치고 밤늦게 퇴근을 하는데 쌍촌동에 위치한 호남대와 상무고 사이에 있는 숲에서 누군가가 외롭게 앉아 퉁소 연습을 하고 있는 모습을 목격했고 나는 그 모습이 너무나도 아름다워 한참을 머무르고 바라보면서 그때의 심정을 나만의 상상으로 읊어본 글이다.

아직 / 이근모

그들,
아직 잠에서 깨어나지 않았다.

우린 아직 청춘이다.
아직 가시지 않은 흥분에
찬란을 비상해 보지만
계절은 아직 겨울이고
봄은 아직 멀었다는 것을
아직도 모르고 있었다.
나도 아직, 너도 아직, 우리도 아직
수면안대 잡고 있는 대낮 그림자도 아직 이다.
사방 고요 안에 퍼져가는 아직 이여
촛불 기도도 아직 이다.
도망치는 대낮의 마침표 찍는 아직에
저녁이 먼저 온다.
그래도 별이 뜨기에는 아직 멀었고,
누군가가 묻는다.
샛별 언제쯤 반짝 이냐고

우리 인간의 욕망은 무한하다. 이 무한한 욕망으로 인하여 인간이 이루어내고자 하는 이상은 언제나 미완성이다. 위의 시 '아직' 은 우리가 꿈꾸는 세상이 언제나 미완으로 갈증을 주고 그 갈증을 해갈시켜줄 꿈을 그리고 있는 것이다. 미완의 공간과 시간에 수렴될 수 있는 말 '아직' 에서 끝없는 상상을 펼쳐보시길 권한다.

그날까지 / 이근모

고독할 순간
나는 즐거워야 할 의미를 찾아야 했다

슬퍼할 순간
나는 행복해야 할 의미를 찾아야 했다

고독과 즐거움, 슬픔과 행복
엇갈린 궁합은 아가리를 벌리고
삶에 빗장을 걸었다

해거름 땅거미에 하늘이 깔리던 자리
그 자리에서 나는
오늘도 갈증을 달랬다

여명이 빗장을 걷어내는 그날까지.

앞서 소개한 '아직' 이라는 시와 이 시와는 어떤 상관관계가 있을까? '아직' 의 시에서 설정한 아직 오지 않는 길에서 구원의 의지로 구경적(究境的)인 삶을 희망하는 그런 메시지를 담아 오늘에 처해 있는 화자의 번뇌를 그려 본 것이다.

꿈꾸는 별 / 이근모

너와 나의 눈빛 사이에
별이 반짝인다.

만월 속 절구에선
인연을 찧는 메가
별들을 주워담는다.

황소자리 별이
쥐자리 별을 향해
음매 하고 울면

은하를 건너는
주인 잃은 구름이
기우뚱 침몰하는

하늘에
너와 나의 서글픈 눈이 있다.
너와 나의 서러운 인연이 있다.

꿈을 꾸는 저 별 속에…

'별' 하면 떠오르는 이미지가 있다. 꿈, 희망, 소망, 그것도 현실 속에서 미래를 향한…

이 시에서 담고 있는 꿈의 메시지는 뭘까? 그리고 화자가 이야기하는 '황소자리 별'과 '쥐자리 별'은 어떤 의미를 담고 있을까? 왜 화자는 별자리에 없는 별자리 이름을 가져왔을까? 이러한 질문에 대한 답을 독자 여러분의 상상 속으로 유보해 본다.

그리매 드리우는 생일에 / 이근모

5월 초엿새 미역국 펄펄 끓여
바다를 마신 날
종달새 서러운 풀빛 물고

청보리 밭에 날아드는데

6월 장마는 어디만큼 왔을까
엄마 젖 빠는 아이

종달새 울음,
빗물 길어 쑨 풋보리 멀국으로
배꼽을 잘랐는데

어느덧
서산마루에 걸친 노을
60성상 희로애락을
그리매로 드리우고

자식들 효도 철석 이는
바닷가에 서서
된장 바른 엄마 젖 보채던 그날을
갯내음으로 달래는데

초저녁 하늘에 떠있는
하얀 눈썹 파도에 잠기는
드리우는 그리매
드리우는 그리매.

실존주의 철학의 창시자 사르트르는 "실존은 본질에 앞선다."라는 명언을 남겼다. 이 말의 참뜻을 알기에 앞서 사르트르의 태생에 대하여 언급한다.

사르트르는 그 어머니가 작부이다. 따라서 사르트르는 자신의 아버지가 누군지도 모르고 이 세상에 태어난 사람이다. 이러한 환경에 처한 사르트르는 인간의 탄생 문제를 신의 의지인가? 아니면 동물학적 생리행위에 의한 것인가를 놓고 갈등과 고민 속에 방황하다 얻은 결론이 신의 장난이든 생리학적 장난이든 인간의 탄생에 있어서 또는 동물의 탄생에 있어서, 자신의 의지와는 무관하게 탄생한다는 결론을 내고 "실존은 본질에 앞선다."라는 명언을 남겼던 것이다.

이 뜻을 알기 쉽게 해석해 보자면, 자신의 의지와는 무관하게 태어나는 생명체를 실존이라 하고, 어떤 의지를 갖고 만들어진 물체를 본질이라 가정할 때, 인간은 실존이라는 것이다.

그러면 본질이라는 것은 무엇일까?

그것은 어떤 목적성을 가지고 있다고 봐야 한다. 하나의 예를 들면 이동의 편리를 위해 자동차를 생산했다면, 이것이 바로 본질인 것이다. 여기에 기초를 두고 우발적이고 허망한 세계에 내던져진 인간은 자신의 자유에 모든 것을 걸고, 이성으로 절망을 인식해야 했다.

이성을 가진 인간과 비합리적인 세계 사이에 있는 모순이 부조리인데, 이것을 논리화하기보다는 있는 그대로 긍정하며, 즉 반항하며 허무감을 이겨내고 휴머니즘을 재건하자는 사상인 것이다.

우리는 흔히 존재라는 어휘를 많이 활용한다. 이럴 때 이 존재는 실존으로 봐야 할까? 본질로 봐야 할까?

존재의 의미를 고민하는 그 자체가 무한한 상상력을 부여하고 있다 하겠다.

65회의 생일을 맞은 날, 자식 며느리 사위와 함께 손자 손녀까지 다 모여 축하 파티를 열어 주고 온 가족이 바닷가 구경을 갔지만 왠지 드리우는 그림자, 그것은 불현듯 떠오르는 부모님이셨다. 특히 효도 한번 제대로 받아보지 못하고 일직 세상을 하직한 어머니가 왜 그리도 그립고 애잔하게 떠오르는지. 그런 심정을 억제하면서 그리움에 대한 그리고 그 그리움 뒤로 드리우는 그림자에 대한 상상력을 확장해 보고자 쓴 시다.

바람의 색 / 이근모

너는 항상 흔들면서 존재를 알렸다.
나를 사랑한다는 그녀는
바람을 더 사랑했다.
시도 때도 없이 마구 흔들어댔으니까.

그러면서 나를 바람이라고 했다.

삶의 깊이가 가슴 한가운데에
나이테를 둥글게 둥글게 그려나갈수록
나는 정지한 세계를 사랑하려 했다.
그 누구에게도 의심받지 않는 세계는
멈춰야 비로소 보이는 것이기에.

흔들리지 않는 나에게
그녀는 색을 칠하기 시작했다.
구름 끼고 흐린 날에는 회색을
청명하고 맑은 날에는 파란색을
내 본연의 하얀색에 덧칠해가며
폭우를 쏟아 붓기 시작했다.

그럴 때는 내면 깊숙이에서 핏빛 같은
붉은 톱날이 바람을 갈기갈기 찢고 있었다.

바람을 사랑하는 그녀
오늘은 또 무슨 색을 칠할까
조용히 그녀에게 물음표를 던지고
하루의 느낌표를 기다려 본다.

침묵을 꽉꽉 움켜쥔 채로
바람의 방향을 재고 있는
풍향계를 향하여.

위의 시 '바람의 색' 은 당초 '번뇌의 총량 법칙' 주제에서 다루려고 했는데 편집과정에서 빠져 '상상과 상상력' 주제에서 다룬다. '바람' 이라고 하는 단어는 많은 문인들이 즐겨 쓰는 단어일 뿐 아니라 이 단어가 의미하는 이미지와 메시지 또한 글 전체의 내용을 읽고 감상하고 난 후에야 그 의미를 알 수 있을 정도로 다양하다.

하여, 이 시는 번뇌를 토해내는 시 이면서도 그 번뇌가 무엇인가? 어떤 관계에서 온 번뇌인가? 등 상상력도 키워 볼 수 있다고 생각되어 '상상과 상상력' 주제에서 소개하니 독자 여러분에게 맡겨 이 시의 이미지와 메시지를 상상하여 보시기 바란다.

우리 인간은 누구나 사랑을 먹고 산다. 그 사랑이 이성적이든 이성적이지 아니든…. 사랑이라는 것이 그만큼 우리의 삶의 활력소가 되는 것이다.

시 창작에 있어 대상의 '고유한 특성 잡기' 에 대하여 언급한 바

있었다. 이 고유한 특성 잡기는 무한한 상상력을 확장시켜 준다. 이런 의미에서 다음의 시편들은 '등나무'와 '대서(大暑)' 등의 대상을 놓고 나름대로 그 대상의 특성을 잡아 써 본 시로 독자 여러분의 상상력을 확장시켜드린다는 뜻에서 시작 노트의 언급은 생략하고 7편의 시 만을 소개한다.

등(藤)나무 / 이근모

사방은 고요하고
들리는 건 바람소리와
어둠을 타고 찾아드는 공허 뿐

싸늘한 밤 공기는
나의 빈 가슴을 후려치고
외로움 소리 없이 토해내는 밤
나에게 따스한 길손으로
그리움이 묻어온다.

초조한 기다림, 기다림
그것은 나를
한없이 무기력하게 만들고
마음 한구석을 마구 헤집으며
신경을 마비시켜
온몸의 전율을 느끼게 한다

그날 밤 그녀가 찾아 왔다

나의 영혼이 품고 있는 성스러움으로
나는 그녀에게 충실했고
그녀 역시 긴 허리 휘감아
나에게 안겼다

언제나 한자리에서
그녀를 기다리던 나는
그녀가 말하는 목소리에
가슴이 뛰었고
그녀의 몸짓 하나에
여지없이 무너져 내렸다

그녀가 남겨준
사랑의 흔적에 허우적대며
언제나 그녀를 곁에
잡아 두고만 싶은 나

마지막 꽃잎을 떨구고
어둠 속 바람으로
사라지는 그녀의 뒷모습에서

서로를 느끼는
충분한 사랑이 있기에
영혼과의 밀어가
강렬한 자극임을
부정해 본적 없기에

그녀의 말 뜻, 행동하나에
또 다른 사랑이
차고 넘치는 것을 알고 있기에

이 밤
그녀와 함께 잠들 수 있기를
헤로인보다 강한
욕망에 빠질 수 있기를
나는 오늘도 꿈을 꾼다.

그녀를 가슴에 품고
날갯짓하다
그녀 안에서 사그라지는
불나비가 되는…

대서(大暑)의 여자 / 이근모

무더위가 절정으로 신음하는 대서(大暑) / 나는 우산을 쓰고 햇빛을 먹고 있네. // 하늘엔 비구름이 / 내가 먹는 햇살을 시샘하고 // 온몸에 밴 땀 / 전율하는 내 몸을 애무질 하네. // 비는 내리지 않고 / 밀고 당기듯 애태우는 비구름. // 애태우게 하면 뭐가 달라지나요. / 애태우게 한다고 갈증이 더하나요. // 주룩주룩 빗물이 땀방울에 올라앉은 날 / 나는야 해 뜬 날 쓰고 있던 우산을 접고 // 내리는 빗방울로 땀방울 반죽하여 / 철떡 철떡 방아 찧었네. //

그립고 아쉬워 조이던 가슴

빵빵 뚫어지게 하려고
대서의 여자, / 그렇게도 나를 애태웠나 보네.

적포도주를 그라스에 부딪쳐 마시고 온밤을 너와 나는 현악기 소리를 내었다.

그 소리는 거룩하였고 그라스에 찰랑찰랑 환희로 채워 우리의 목을 축여주었다.

가늘게 뜬 눈을 당신의 혀 밑에 밀어 넣으니 우리는 한 몸으로 숭고해졌다.

당신은 당신의 소리를 나에게 바쳤고 나는 나의 소리를 당신께 바쳤다.

아스라이 물결이 울려 퍼지고 열대야의 밤은 시침, 분침, 초침까지도 온전히 제자리에 멈추게 하였다. 멈춤의 시간은 더욱 영원한 세계로 치닫는 듯했고 당신이 켜는 현악기 소리 또한 잔잔한 물결로 반짝이며 숨을 고르고 있었다.

다섯 번의 고지를 향해 열대야가 서서히 열기를 식혀 갈 때 그라스에 채워진 환희가 마르고 당신이 켜는 현악기 떨림은 다섯 번이나 팽팽하게 튕겨 나왔다. 우리는 이렇게 화음의 일치 속에서 사랑하였지만 열대야의 온밤을 정복하지는 못했다. 나는 새벽을 맞으려 홀연히 일어섰고 당신은 또 다른 새벽을 향해 현악기 줄을 당기고 있었다.

물망초 꽃말 / 이근모

포기한 머리를 따라주지 않는 마음아
이것이 우리의 인연이란 말인가
비우고 비워서 모든 것을 비웠는데
딱 하나 마음에서 비워내지 못한 것
너에 대한 포기였다
잊어야만 살 것 같아, 잊어야만 살 것 같아
잊으려 할수록 더욱 뚜렷해지는 추억아
떠나야지 하면서 조용히 감은 눈에
필름이 스친다.
포기한 머리에 하얗게 김 서리고
가슴에는 뜨거운 서리가 맺히는 마음
이것이 우리의 인연이었던가
이것이 우리의 미움이었던가
이것이 우리의 미련이었던가
미움이 미움을 낳고
미련이 미련을 낳으며
우린 이렇게 떠나는 것이다
미움을 만들고 있는 사람아
미련을 만들고 있는 사람아
가녀린 물망초 꽃
말없이 홀로 피는구나.

※물망초 꽃말:나를 잊지 말아요

콜록콜록 골방이 기침 멈춘 날 / 이근모

콜록콜록 기침이 꿈을 꾼다.
삼 년째 지붕을 이지 못해 영양실조 걸린
초가지붕도 골방의 기침에 전염되었나 보다.
구름 낮게 깔린 하늘 보며
콜록거리는 것을 보니….

어린 자식 유치 갈며 뽑아낸 이를
아버지는 지붕에 던지며 외친다.
오복 중의 오복아 튼실하게 뻗어나라
짚더미야 햇살 환한 웃음 빌어
이엉 엮어 지붕도 이으려무나.

염원은 먹구름 안에서 눈물 되어 흐를 때
골방의 노모 기침
이 빠진 잇몸에서 맴돌고
지붕에는 아이의 이가
낡은 지푸라기 잡고 허우적거린다.

비새는 골방에 놓아둔 양철 대야
똑딱똑딱 시곗바늘 소리처럼
비 그칠 시간을 재고
문풍지는 골방에 엄습하는
어두운 곰팡내를 말린다.

아이의 영구치아가 돋아나는 날
골방의 기침 소리 멎고
노모의 저고리가
이엉을 대신하여
지붕을 이었다.

종이 분쇄기 / 이근모

일과를 끝내고 퇴근 5분 전
종이 분쇄기가 톱날을 돌린다.
하루의 역사가 기록되었던 비밀을
종이 분쇄기가 주워담는다.
사각의 상자 안은 누구도 해독할 수 없는
암흑이 탈출구를 찾아 뚜껑을 연다.
FBI도 풀 수 없는 암호가 돼버린
비밀들이 우르르 쏟아진다.
꽃비 내리듯…
내리는 꽃비는 침묵이다.
혀는 침묵을 둘둘 말아 어! 어! 아! 아!
소리만 낼 뿐 조각난 언어들을 맞춰도
비밀을 알아내지 못했다.
거슬러 간 시간에 마침표 같은 점 하나 찍으니
조각난 문자에서 찾아낸 비밀은
어는 여가 분쇄된 그리고 아는 야가 분쇄된
문자라는 것만 해독하고 있었다.

종이 분쇄기 전원 스위치에 묻은 지문을 찾아
여~♪야~♬ 합창을 하는 불협화음 무대여, 무대야.
끝내 막은 내리지 않고 스피커만 요란하다.
종이 분쇄기도
스피커만은 조각내지 못하는가 보다.
조명만 반짝이는 무대에
촛불을 흔드는 관객들 손만 뒤엉킨다.

– 남북 정상회담 대화록 멸실 뉴스를 듣고 –

지리산의 봄 / 이근모

지리산에 찾아오는 바람
계곡을 씻는다
이름없는 영혼들 바람을 마시며
아들 딸 손자 손녀 발걸음 소리 듣는다
지난봄에 불던 바람 눈물을 닦더니
이번 봄에 부는 바람 가슴을 씻는다
얼은 계곡 풀리기도 전,
여름이 먼저 와버린다
땀방울, 철쭉 꽃술에 걸려 있고
지리산 봄바람 조상 안부 묻는다
가끔, 가끔 쳐다보는 천왕봉
무엇을 기다리나
수많은 발자국을 다 먹어 치우고도…
봄 바람 나팔 소리로

기상을 알리기엔 늦은 오후
산봉우리 향하여 돌격을 외친다
풀잎마다 스민 묵념
떠도는 영혼을 달래면
어디선가 고향의 봄 노래가
산 정상에 걸린다.

눈길을 걸으며 / 이근모

온 누리가 한결같이 하얀 말을 하고 있다.
발자국 디딜 때마다 밟힌 눈이 말을 한다.
"뽀드득뽀드득"
그저 의미 없는 마찰음으로만 생각하고
눈의 말을 알아듣지 못한 채
걷기만 하다가 벌러덩 엉덩방아를 찧었다.

무심히 들은 뽀드득 소리
그것은 단순 마찰음이 아니고
눈길 조심하세요 라고 하는 말이었다.

양지바른 곳엔 벌써 눈이 녹아
"질퍼덕질퍼덕" 소리 내어 울고 있었다.
그냥 눈의 우는 소리로만 알고
한 눈 팔고 걷다가 웅덩이를 밟아
구두와 양말에 물벼락을 맞았다.

젖은 구두 탈탈 털고 있을 때
자동차 쏜살같이 지나면서
차도의 질퍽한 눈을 내 양복에다 퍼부었다.

눈의 울음소리로만 알았던 질퍼덕 소리
이 또한 차 조심 웅덩이 조심 하세요 라고
하는 말이었다.

윙윙 바람이 분다.
저 바람 소리는 무슨 말을 걸어오는 것일까?
그것이 알고 싶다.
바람을 피고 나면
윙윙 바람 소리 말을 들을 수 있으려나
내 안의 연인과 눈밭에서 뒹굴고 싶은 날.

3. 맺음 말

상상과 상상력이라는 주제하에 부족하나마 졸시와 함께 상상력을 확장해 주는 시 감상을 해 보았다. 그리고 안도현 시인이 언급한 '단순하고 엉뚱한 상상력으로 놀아라' 하는 의미를 새겨 보았다. 만약 상상력을 확장시켜 준답시고 특정한 개념과 틀에 갇혀 대상과 대상을 연결하는 은유에서 비틀고 꼬며 덧칠했다면 그 시가 독자로 하여금 상상력을 확장시켜 줄 수 있었을까? 물론 상상력을 확장시키는데 오히려 저해되었으리라 본다.

하여, 나는 상상력을 확장시켜주는 시는 단순하고 엉뚱한 사고력이 동원되는 시라고 본다. 어떤 특정한 개념과 틀에 얽매이지 않은 그런 상상력의 시라고…

끝으로 이렇듯 엉뚱한 상상력을 일깨우는 와이담 하나를 소개하면서 본 주제의 글을 마친다.

부산 가시나와 대구 머시마가 소개팅으로 데이트를 하게 되었다.

서로의 궁금한 것과 인적 사항을 묻다가 부산 가시나가 물었다.

"고등학교는 어데 나왔는데예?"

그러자 그 머시마는 대구 달성고를 졸업 했는지라 달성고를 줄여서

"저 예, 달고 나왔습니더."

그 말을 들은 부산 가시나, 가뜩이나 남자에 대한 콤플렉스가 심했는데, 달고 나왔다는 이 말을 듣는 순간, 속 창자가 확 뒤집혀 도저히 못 참고 이빨 새로 침을 찍 한번 뱉고선, 한마디 하는데

?

?

?

?

"짜슥, 머스마라는거 디게 자랑하네"

"그래, 니는 달고 나왔나?"

"나는 째고 나왔다."

"째고 나와서 뜹냐?"

12

시와 이야기를 마치면서.

시와 이야기를 마치면서.

우리가 인간으로 태어났다함은 창조주께서 우리에게 주는 가장 큰 선물이라고 본다. 왜냐하면, 우리 인간만이 언어를 사용하고 다른 동물은 생각의 기능은 없고 본능만으로 행동을 하는데 비해 인간은 본능과는 별도로 이성이 있고 본능과 이성을 조화롭게 조정할 줄도 알고 이러한 조정을 위해 부단한 노력을 하고 있기 때문이다.

이 부단한 노력이란 인간의 참된 삶을 가치 있게 그려나가는 것을 의미한 것이며 이를 그려나감에 있어 사상과 감정을 언어로 표현하여 더욱 나은 이상세계 구현을 창출해 내는 것이라 할 수 있는데 이것이 바로 문학이라고 본다.

그러하기에 문학은 사회 속의 인간과의 영향 관계를 외면할 수 없는 필요불가결한 제재로서 한 편의 시, 소설, 수필, 희곡 등을 창작함에 피나는 싸움을 거쳐야 하고 이 싸움은 우주와 신과 무서운 허무와도 대결하면서 삶을 지향하는 것이다.

하여, 문학이라면 의식적이건 무의식적이건 투쟁이라는 고뇌의 바다를 떠나지 못하고 어떨 때는 발라드(Bolad) 또 어떨 때는 록(Rok)으로 이 세상을 노래하고 있는지도 모른다.

나의 졸필 '시와 이야기'는 이러한 노래들을 소재로 하여 나름대로 기술해 보았을 뿐이다. 이 기술서가 독자 여러분에게 조금이나마 고개를 끄덕거려서 동감해 주시길 소망해 본다.

그 소망은 나 자신이 앞으로의 시 창작에 있어 더욱더 고뇌의 물결로 높은 파고처럼 출렁거려서 더욱 아름답고 진실 되게 피어나도록 피나는 투쟁을 하겠다는 앙가지망(Engagement)적 책임의식의 다짐이라 하겠다.

아울러 '시와 이야기'의 주제가 창의성과 아이디어에서 시작하여 상상과 상상력으로 끝을 맺었는 바, 이는 문학 뿐 아니라 우리 삶의 여러 분야에서도 창의로 상상하면 무한한 발전과 함께 앞서가는 삶이 될 것이라는 나만의 철학에서 주제 선정 순위를 잡았음을 밝히는 바이다.

끝으로 보잘것없는 졸저 「시와 이야기」를 끝까지 읽어주신 독자 여러분께 감사와 아울러 존경과 행운을 기원하는 바이다.

2013년 8월 10일
시인 이근모 삼가

이근모의 시와 이야기

서울물이 흐르며 뒤돌아보았다고?

인쇄	2013년 8월 20일
초판 1쇄 발행	2013년 8월 23일
지은이	이근모
펴낸이	전형철
편집	모던포엠
웹디자인	김태완
펴낸곳	모던포엠 출판부 도서출판 **채운재**
후원	월간 모던포엠, 세계모던포엠작가회
주소	서울 중구 수표로 6길 23 2층
전화	02-2265-8536
팩스	02-2265-0136
손전화	010-9184-5223
이메일	mopo64@hanmail.net
정가	10,000원